儒道兩家關係論

[日]津田左右吉◎著
李繼煌◎譯

山西出版傳媒集團
山西人民出版社

儒道兩家關係論

叢刊主編	鄭培凱
著　　者	［日］津田左右吉
譯　　者	李繼煌
責任編輯	王新斐
出 版 者	山西出版傳媒集團·山西人民出版社
地　　址	太原市建設南路 21 號
郵　　編	030012
發行營銷	0351－4922220　4955996　4956039 0351－4922127（傳真）
天猫官網	https://sxrmcbs.tmall.com　0351－4922159（電話）
E－mail	sxskcb@163.com　發行部 sxskcb@126.com　總編室
網　　址	www.sxskcb.com
經 銷 者	山西出版傳媒集團·山西人民出版社
承 印 廠	山西出版傳媒集團·山西新華印業有限公司
開　　本	700mm×970mm　1/16
印　　張	5.75
字　　數	44千字
版　　次	2015年9月　第1版
印　　次	2024年2月　第2次印刷
書　　號	ISBN 978－7－203－09047－2
定　　價	29.00圓

圖書在版編目(CIP)數據

儒道兩家關係論 /［日］津田左右吉著；李繼煌譯. —太原：山西人民出版社，2015.9(2024.2重印)

（近代海外漢學名著叢刊 / 鄭培凱主編）

ISBN 978－7－203－09047－2

Ⅰ. ①儒… Ⅱ. ①津… ②李… Ⅲ. ①儒家－研究 ②道家－研究 Ⅳ. ①B222.05②B223.05

中國版本圖書館 CIP 數據核字(2015)第 202207 號

近代海外漢學名著叢刊編委會名單

總主編　鄭培凱

編委會　傅　杰　霍　巍　戴　燕（按姓氏筆畫排序）

總策劃　越衆文化傳播·周　威

總監製　南兆旭

統　籌　徐　勝　顔海琴

出版工作委員會

主　任　李廣潔

副主任　姚　軍　石凌虚

委　員　梁晉華　張文穎　秦繼華　馮靈芝

張　潔　崔人杰　王新斐　郭向南

設計總監　李尚斌

設計製作　王秀玲　吴圳龍　何萬峰　歐陽樂天

出版説明

近代海外漢學名著叢刊選取一九四九年以後未再刊行之近代海外漢學作品，編例如次：

一、本叢書遴選之作品在相關學術領域具有一定的代表性，在學術研究方嚮、方法上獨具特色。

二、爲避免重新排印時出錯，本叢書原本原貌影印出版。影印之底本皆經專家組審定，原書字體大小、排版格式均未做大的改變。

三、爲使叢書體例一致，本叢書前言、後記均采用繁體字排版。

四、個别頁碼較少的版本，爲方便裝幀和閱讀，進行了合訂。

五、少數作品有個别破損之處，編者以不改變版本内容爲前提，部分進行修補，難以修復之處保留缺損原狀。

六、原版書中個别錯訛之處，皆照原樣影印，未做修改。

由於叢書規模較大，不足之處，在所難免，殷切期待方家指正。

總序／温故而知新

晚清以來，西力東漸，西方文化思想的著作也大量譯成中文，最著名的如嚴復與林紓的譯著，影響了整個二十世紀中國的知識界與文學界，使得中國文化的思維脈絡爲之丕變。除了西方思想經典、文學與實證科學著作的翻譯，以實證方法系統化探討中國文史的域外漢學，也對中國學術思想界産生了莫大衝擊，改變了中國學術的著述方法與取嚮。

中國傳統的知識結構，是按經史子集四庫分類的，以儒家意識形態的經學爲文化知識的砥柱，以史學爲貫串歷史經驗的殷鑒，至於子部與集部，則是作爲保存文獻、擴大知識面的附帶知識，可以耽情冥想，可以悠遊玩賞，却都是邊緣化的知識，無關聖教的弘揚，無關文化精髓的宏旨。西方文藝復興之後的現代學術體系，在知識分類上，與中國傳統大相徑庭，講究系統分科，不同知識領域各有其客觀存在的價值，有其相對獨立的目的與標準。日本知識界在明治維新以來，鑒於東方文明落後於西方的船堅炮利，率先效法西方，在追求「文明開化」、「脱亞入歐」的過程中，爲日本學術發展循着現代西方的體例，建立了哲學、文學、歷史學、經濟學、法學、商學、物理學、化學、地質學、醫學、農學、工程學、植物學、動物學等等新型學科，企圖與西方學術齊頭並進，從而影響了中國近代學術體系的發展。

本叢刊選印二十世紀上半葉出版的漢學譯著近百冊，分爲三大類：「歷史文化與社會經濟」、「古典文獻與語言文字」、「中外交通與邊疆史」，反映民國時期學術界重視西方及日本漢學研究的成果，藉助他山之石，重新審視中國傳統歷史文化的意義，特別是開拓了傳統學術忽略的領域。五四新文化運動以來，中國學者如蔡元培、胡適都提倡「整理國故」，以理性實證的方法，對中國文化傳統做出系統化的研究，是與這些漢學譯著相輔相成的。這些譯著除了介紹域外漢學的成果，還引進了嶄新的學術研究方法與視角，有助於梳理中國文化傳統的脈絡，重新整合知識結構與學術體系。雖然這些學術著作不是中國學者的成就，無法納入二十世紀中國文史學術的主脈，但是從中文譯本的影響而言，起碼也應當視爲中國近代學術發展的支脈或潛流，不容忽視。可惜的是，到了二十世紀下半葉，因爲兩岸政治形勢的變化，這些漢學譯著，除了部分因王雲五重新入主臺灣商務印書館，而得以在臺灣做了少量的重印，在大陸的出版界，則完全受到遺忘，甚至在許多新成立的大學圖書館中也不見踪影。我們搜集了近百冊塵封的漢學譯著，呈現給二十一世紀的中國學術界，一方面是爲了銘記前人爲推展學術而做出的努力，另一方面也是爲了提醒新常態時期的學人，學術發展有其歷史累積的脈絡，可以從中汲取歷史經驗，温故而知新。

說到「温故知新」與這批早期漢學譯著的關係，可以從兩個方面來思考，以見翻譯域外漢學如何反映了時代精神，爲融匯東西方學術思維，重新闡釋中國文化傳承，做出不可磨滅的貢獻。一是域外漢學的研究對象，以中國歷史文化典籍爲主，屬於中西文化碰撞期間興起的「國學」範疇，與五四新文化人物提倡的「整理國故」運動若合符節。研究中國歷史文化，並賦予新的學術意義，是清末民初知識精英念茲在茲的心結。歷史發展走到一個環節，時代的狂風揚起了批判傳統的大旗，風中的英雄幫着推波助瀾，却又無時或忘自己民族文化主體的未來，糾纏於「傳統」能否「現代」的困境。域外漢學的出現，以西方實證方法研究中國歷史文化傳統，綜合東西方各種語言文字材料，擴大了研究國學的眼界，即使無法打開中國文化傳統是否走到盡頭的心結，至少是提供了一個解惑的方嚮，在大霧彌漫的夜晚，看到了依稀渺茫的星光。

二是翻譯域外漢學，有一種以子之矛攻子之盾的吊詭作用，逐漸化解了中國文化思維中的自大心理與封閉心態，讓唯我獨尊的國粹基本教義派解除武裝到牙齒的盔甲，轉而吸收並接受西方實證研究的學風。民國期間新式教育制度的推行、學術體系的變化、大學學術專業的創建，具體到北京大學國學門的成立，中央研究院規劃歷史、語言、考古的研究領域，都與翻譯域外漢學背後的旨意是息息相關的。因此，重新閱覽這批民國期間的漢學譯著，對二十一世紀的現代學人來説，温故而知新，不但可以窺知民國學人追求新知的心理狀態，也會刺激吾人反思，認真思考學術研究方法與中國學術發展的前景，更進一步，探索文化傳統的重新闡釋與新知介入的關係。知識體系的變化當然與傳統的重新闡釋有關，是外爍的影響大呢，還是內因變化的成分居多？

論語·爲政記載孔子説：「温故而知新，可以爲師矣。」歷代解經，對這個「爲師」的道理，有兩種相近似但又取嚮不同的解釋。朱熹四書集注説：「故者，舊所聞。新者，今所得。言學能時習舊聞而每有新得，則所學在我而其應不窮，故可以爲人師。若夫記問之學，則無得於心而所知有限，故學記譏其不足以爲人師，正與此意互相發也。」雖然朱熹把知識分爲「舊所聞」與「新所得」，强調的却是「學而時習之」，從中生發新的心得，也就是從詮釋舊典中得到新知。這個説法與朱熹在鵝湖之會以後，作詩唱和，寫給陸九淵的詩句，「舊學商量加邃密，新知涵養轉深沉」，异曲同工，是一個意思，萬變不離其宗，舊學與新知是同一個脈絡的知識學理。

然而，有些朱熹之前的經學家，解釋「温故知新」，却有不同的取嚮。皇侃論語義疏就説：「故，謂所學已得之事也。所學已得者則温尋之不使忘失，此是月無忘其所能也。新，謂即時所學新得者也。知新，謂日知其所亡也。若學能日知所亡，月無忘所能，此乃可爲人師也。」皇侃明確説到，「故」指的是過去所學的知識，而「新」則指的是新近學到的知識，新舊結合，相互發明，就可以「爲人師」了。邢昺論語注疏循着皇侃的思路，也説：「言舊所學得者，温尋使不忘，是温故也。素所未知，學使知之，是知新也。既温尋故者，又知新者，則可以爲人師也。」這裏講的「素所未知」，就不祇是研讀舊學，有了新的體會，從過去的傳統中發展出的「新知」，而是從來没聽過、没想過的新學問了。這種「素所未知」的新學問，結合「舊所聞」，對習以爲常的知識框架，就會産生巨大的衝擊，而出現飛躍性的結構變化。知識内容或許大體沿襲傳統，知識結構却得以重新整合，出現嶄新的認知系統，重新審視自己文化傳統的意義，打開文化傳承的新局面。二十世紀上半葉的漢學譯作，就發揮了這樣的作用，促使中國學者放棄自我中心的文化態度，從各種不同側面，探知中國歷史文化的光譜，以域外（或是全球）的角度觀測中國傳統，摇動了文化的萬花筒，看到七彩繽紛的中國。

嚴復在甲午戰争之後，改良變法思想風起雲涌之時，開始大量翻譯西方思想經典著作，是有感於國人（特别是傳統文化孕育的知識精英）思維系統封閉，企圖介紹實證新知，引進邏輯思維的方法，以破除儒學之道「一以貫之」與「放之四海而皆準」的虚妄。他翻譯天演論，在序文中提到，有人歸納東西方學術思想，認爲中國文化重精神，是形而上之學，立意高超，而西方文化重物質，是形而下之學，祇追求功利的回報。他認爲，這種自以爲是的蒙昧態度，陷入傳統舊學的框囿而不自知，没有自我反思的能力，無法吸收「素所未知」的新知識，也就無法開展並弘揚自己的文化傳統。嚴復非常清楚他翻譯西方經典的目的，是爲了介紹新知，打破中國傳統思維的封閉性，但是，作爲披荆斬棘的拓荒人，他深知思想封閉者的頑固心理，必須因勢利導，以免遭到盲目衛道之士的攻訐。嚴復有其防身的策略，不會像許褚戰馬超那樣赤膊上陣，而是以桐城文章譯述赫胥黎、斯賓塞、穆勒、亞當·斯密、孟德斯鳩，博得晚清知識精英的贊許，文章深閎而傳入了新知義理。從文化變遷的角度而言，通過翻譯，以迂迴戰術來介紹西方思想，得到巨大的成功，産生了改變傳統思維體系的實效，是中國近代思想史上影響深遠的大事。以此類推，民國時期大量翻譯域外漢學的影響，也是不容忽視的思想史課題。

關於清末民初西方學術思維衝擊中國知識精英，顛覆傳統文化的知識結構，錢穆在現代中國學術論衡的序言中，從中國文化本位的立場，發出深刻的感慨，做了籠統的批評：「文化异，斯學術亦异。中國重和合，西方重分別。民國以來，中國學術界分門別類，務爲專家，與中國傳統通人通儒之學大相違异。循至返讀古籍，格不相入。此其影響將來學術之發展實大，不可不加以討論。」錢穆所指出的問題，是傳統知識體系强調「通」，文史哲不分家，最崇尚通儒，而現代學術講究專業分科，各司其職，以至於讀不通古籍呈現的整體性知識思維。姚名達在撰寫中國目録學史的時候，對西力東漸，西潮帶來的翻譯著作及新知新學，也有類似的感慨：「四部分類法，不合時代也，不僅現代爲然。自道光、咸豐允許西人入國通商傳教以來，繼以派生留學外國，於是東西洋洋籍逐年增多。學問翻新，迥出舊學之外。目録學界之思想不免爲之震蕩。」這種對學術體系發生重大變化的觀察，反映了中國學人從晚清一直到民國，夾在東西方兩種不同思維體系的衝突中，身歷其境的切身感受，因此感觸良多。

二十世紀上半葉最能代表中國學術的通儒是王國維與陳寅恪，他們浸潤了經史子集的四部知識傳統，承繼乾嘉篤實的考據學風，却都經過西洋邏輯思維與實證科學的洗禮，參與中國知識結構的轉型。對西方現代知識結構如何在中國生根發芽，不但再三致意，并且以自己的學術實踐來努力促成。王國維早在一九〇二年就寫信給張之洞，反對把經學列爲人學分科之首，而主張效法西方與日本的大學，設立哲學科，明確指出知識結構的分類不可因循傳統，而必須另起爐竈。陳寅恪在一九二五年就清華大學建制的問題，寫了吾國學術之現狀及清華之職責，指出大學的職責在於學術之獨立，而中國學術界的情況令人十分不滿，必須認真效法西方學術的體制及實踐。他説：「蓋今世治學以世界爲範圍，重在知彼，絶非閉門造車者比。」這兩位國學大師，對西方與日本的漢學研究十分注意，都是以開放態度對待域外漢學研究，集思廣益，以成其大家。

再回到「温故知新」的歷代經解，説説文化傳承的闡釋學意義。劉寶楠在論語正義中指出，上古之時，文化知識是上層統治精英的家學，不再治理實際政事的長者可以傳遞德行的知識，可以爲人師。「温故而知新」，就顯示長者不忘舊時所學，且能吸收新知，繼承并發揚這種學術與政治合一的傳統。到了孔子之時，時代出現了變化，士大夫不見得能够謹守家法，弘揚德行，也不一定能够「爲師」了。孔子之後，世變日亟，「道術爲天下裂」，文化知識不再爲少數統治精英所壟斷，也不必然與治理政事有關，學術在民間百花齊放，百家争鳴。但是，學術知識發展的脈絡基本未變，仍然是要温故知新，進德修業。從劉寶楠不經意的闡釋中，可以看到時代變遷影響了學術文化的内容，改變了知識結構的體系，但其内在發展的理路仍舊，還是需要舊學與新知的融合，才能有所發展。

劉寶楠還引述了劉逢禄的解釋：「故，古也。六經皆述古昔、稱先王者也。知新，謂通其大義，以斟酌後世之製作，漢初經師皆是也。」劉寶楠贊成這個説法，并指出，漢唐人解釋「知新」，大多數都沿用此意。也就是説，舊學是傳統的知識結構體系，新知是時代變化出現的新知識，必須相互斟酌，才能發揮得宜。至於如何對舊學「通其大義」，就見仁見智，各有説法了。從這個通達的詮釋來討論近代西學東漸的情況，我們可以看到，「温故而知新」在民國學人的心底，是産生「傳統」與「現代」糾葛的心理陷阱，不易跨越。若依照朱熹的説法，「學能時習舊聞而每有新得，則所學在我而其應不窮」，雖然在哲理上可以模模糊糊説通，但在清末民初的具體歷史環節，西學的新知屬於完全不同的知識體系，在原有的舊學脈絡中，根本無從立足，如何「其應不窮」?所以，真要放之四海而皆準，提升「温故而知新」的普世意義，以理解域外漢學譯著與近代學術知識體系變遷的文化史意義，我們認爲，皇侃、邢昺，一直到劉寶楠的闡釋，是比較合適，並與現代文化闡釋學的説法相近。

伽達默爾（Hans-Georg Gadamer）在他的名著真理與方法中，説到認知理性與文化傳統的關係，特别指出，人們通過理性，來判斷歷史文化中事實的真相，但是人的理性與生存環境息息相關，與傳統所衍生的豐富文化底藴有關，不可能完全超越文化傳統的思維脈絡。他認爲，人生活在文化傳統之中，就不可能「遺世獨立」，以全能超越的抽象思辨來認識傳統，甚至是批判或顛覆傳統。傳統是歷史文化延續與傳承的表徵，不會一成不變，而我們的認知理性也會因時代變遷，而不斷重新詮釋傳統。伽達默爾的闡釋學以西方文化傳統爲例，説明新知如何納入傳統，而使文化傳統生機不斷，生生不息，與中國歷代經學家的説法（朱熹除外），有异曲同工之效。以此觀照民國時期的漢學譯著，我們認爲，這批學術新知傳入中國，對中國文化傳統的繁衍與發展，實有承先啓後之功。

近代海外漢學名著叢刊的出版，最值得感謝的是南兆旭先生二十多年來搜羅的執着與努力。雖然這套叢刊不能窮盡民國時期的漢學譯著，但是，能滙集上百册自一九四九年以來在國内不曾重印的學術著作，再度公之於世，總是功不唐捐的大功德。忝爲本叢刊的主編，我面對這批民國學術材料，先是感到紛雜無章，有些原作者的學術素養也難副當前的學術標準，甚爲猶豫。後轉念一想，這是上個世紀中國最紛亂時期的學術記録，也是民生凋敝，國勢隤危，内亂外患交加之際，仍有許多學者孜孜矻矻，戮力翻譯域外漢學，爲中國學術的傳承拓展新知的坦途，不禁肅然起敬，開始用心整理分類。掛一漏萬，在所難免，好在有學殖豐贍的諍友擔任分卷主編，並撰寫各分卷前言，實在是衷心銘感。有傅杰教授負責「歷史文化與社會經濟」、戴燕教授負責「古典文獻與語言文字」、霍巍教授負責「中外交通與邊疆史」，吾道不孤矣。在整理編輯過程中，周威先生費心最多，也是我要衷心感謝的。

道術之存亡，全在人心之嚮背。這批民國漢學譯著重新問世，對我們生長在承平之世的學人，應當有激勵的作用，爲學術研究多盡份力，讓中國學術發展更上一層樓。

鄭培凱

二〇一五年七月

前言

一九四九年，身在美國的鄧嗣禹在遠東季刊發表近五十年中國歷史編纂學，總結半個世紀以來中國歷史編纂學從保守走嚮開放，「先是受日本，然後是英國、美國、法國，最後是蘇聯等影響」，既擴大了史料的範圍，又應用了科學的方法，把重點從帝國的政治事件轉移到社會經濟方面，終於「取得了巨大的進步」。鄭培凱教授主編的近代海外漢學名著叢刊，正是鄧氏提及的各國影響中的一部分——甚至堪稱是主要的部分。

本分卷主要包括兩大類：一是歷史文化，包括渡邊秀方中國哲學史概論、三浦藤作中國倫理學史、津田左右吉儒道兩家關係論、服部宇之吉儒教與現代思潮、五來欣造儒教政治哲學、濱田耕作東亞文化之黎明、梅原末治中國青銅器時代考、新城新藏中國上古天文、卡特中國印刷術源流史等；二是社會經濟，包括沙發諾夫中國社會發展史、駒井和愛等中國歷代社會研究、柯金中國古代社會、森谷克己中國社會經濟史、田崎仁義中國古代經濟思想及制度、卜凱中國農家經濟、馬札亞爾中國農村經濟研究、克拉米息夫中國西北部之經濟狀況、高林士中國礦業論、長野朗中國資本主義發達史等（以上作者譯名一仍所收各譯本）。這些著作引入中國的背景與影響，培凱教授的總序已經作了高屋建瓴、提綱挈領的論述。這裏衹就著作、作者、譯者三端分別舉例，略作一些補充説明。

先説著作。包括本輯在内，本叢書所選入的日本學者論著佔據了多數。曾有西方的東方學家概括日本學術實爲三餘：文學竊中國之緒餘、佛學竊印度之緒餘、各科學竊歐洲之緒餘。其言雖刻薄，却一針見血。但也正因善於嫁接，所以在用西方研究模式梳理中國歷史傳統方面，日本學者往往最具搶佔先機的便利，他們的著作也成爲當時的中國最多引進與借鑒的對象。例如梅原末治藉助於西方科學方法來分析中國青銅器的器形、成分，進而推論其時代的中國青銅器時代考在半個世紀中産生了廣泛的影響，如歷史學家吕思勉在先秦史中就引用過他對殷商時代青銅器的分析，考古學家黄展岳在關於中國開始冶鐵和使用鐵器的問題中則對他殷代已知用鐵的觀點提出駁正。卡特的名著出版至今九十年，仍然是時常被引用的經典，除早期的節譯本，一九五七年北京出版了吴澤炎譯的中國印刷術的發明和它的西傳，一九六八年臺北出版了胡克希譯的經傳路德修訂的卡特著作新版中國印刷術的發明及其西傳。其書既出，哲學大師杜威也給以好評，桑原騭藏、鄧嗣禹發表了長篇書評。直至本世紀芮哲非的新著谷騰堡在上海：中國印刷資本業的發展（一八七六—一九三七），還指出正是卡特著作的出版，因其表彰中國印刷術的悠久歷史和對世界印刷史的巨大貢獻，迅速影響了一批中國學者，進而影響了近代以來的中國印刷史書寫。其實，受影響的還不止是印刷術與中西交流史的學者。以夢溪筆談校證而蜚聲中外的當代夢溪筆談研究第一人胡道静回憶，正是從卡特的書中，他才知道夢溪筆談：

卡特的書説明了史料的來源，還特别夸譽了夢溪筆談這部著作，説它這好那好。於是我這個當時對古籍衹讀先秦、兩漢之書的小伙子就迫不及待地去找這本沈括的名著來閲讀了。（夢溪筆談校證五十年）

至於沙發諾夫、柯金、馬札亞爾等用唯物史觀來研究中國社會經濟史的論著，在蘇聯和中國都引發過争議，而在當時就有學者指出，陶希聖等人對魏晋時期中國社會性質的看法，即深受沙發諾夫中國社會發展史的影響。

次説作者。各書作者背景各异，身份不一，研究中國的目的也頗有差距。其中既有津田左右吉這樣的學術大師，更不乏各學科中的權威名家，而且不少跟中國還有密切的聯繫。如濱田耕作與梅原末治師徒都在中國從事考古多年，不僅以自己寫下的著作、也以自己參與的活動，影響了中國考古學的發展，甚至用自己的工作給中國考古學家樹立了榜樣。早在一九二六年，北京大學國學門的考古協會與日本東亞考古協會成立東方考古協會，被譽爲日本考古學之父的濱田耕作就參與其事，一九二九年他又與高足梅原末治再赴北京演講，爲正起步的中國現代考古學注入了新的信息。其後梅原又在上海、天津、河南等地調查文物古迹。撰中國上古天文的天文學家新城新藏在二十世紀三十年代出任過上海自然科學研究所所長。撰中國農家經濟的美國學者卜凱從康奈爾大學農學院畢業後，次年即來安徽宿州，以傳教士的身份從事農村的改良試驗與推廣，在中國致力農業經濟學的教學與調查幾三十年。同樣是以傳教士身份在安徽宿州從事教育與宗教活動長達十二年的還有美國學者卡特——而他一生祇活了四十三歲。在離開中國後他一直從事中國學術的研究，在伯希和指導下研究中國印刷術的發明與西傳，傾注了滿腔的熱情，用盡了全部的心力，終以勤勞過度，在該書出版的當年與世長辭。

末説譯者。當年就有學者感慨，外國的漢學著作可資參證者甚夥，但譯著的數量與質量總體而言殊不令人樂觀，通西文者多鄙棄漢學，治國學者又忽視西文。從事者的學養並不都足以勝任這類專門著作的翻譯，因此有的譯文比較粗糙，但就已有的成績來看，仍有可稱道者。一是有的著作不止出版了一個譯本，如濱田耕作東亞文化之黎明、馬札亞爾中國農村經濟研究等時隔不久就出版了不同的譯本；有的甚至同一年中就出版了兩個譯本，如森谷克己中國社會經濟史在一九三六年既由中華書局出版了孫懷仁的譯本，又由商務印書館出版了陳昌蔚的譯本。二是譯者之中不乏後來的著名學者。如高林士中國礦業論的譯者是曾擔任北京水利水電學院院長多年、爲中國水利事業做出了卓越貢獻的中國科學院院士汪胡楨。在年過九旬之後寫的自述中，他還憶及當年由丁文江介紹認識了中國礦業論的作者、並受作者之托翻譯該書的經過。而梅原末治中國青銅器時代考的譯者則是舉世公認的甲骨學與殷商史權威胡厚宣，身爲中央研究院歷史語言研究所的研究人員，他正是在參與殷墟發掘之際譯出梅原末治的著作的。

世事沉浮，風雲變幻，這些昔日的譯著有的還在被學者屢屢提及，有的則塵封甚久，不再被人記得。如今輯而再印，使之重見天日，是既富於現實意義，也富於歷史意義的。現實意義在於這些譯著中的若干材料仍可供今天的讀者取資，若干見解仍可給今天的讀者啓示；歷史意義在於這些譯著中的部分雖然陳舊過時，無論材料還是觀點都被證明千瘡百孔，但它們在中國現代學術史的建立與發展進程中都曾經多多少少起過作用——因此它們不再僅僅是外國漢學史的組成部分，實際上也已經成爲中國學術史的組成部分，是我們不能輕忽，更不能遺忘的。

傅　杰

二〇一五年七月

作者簡介

著者

津田左右吉（一八七三年—一九六一年），日本大正、昭和時代著名東洋史家，東京文獻學派初代重要學者之一，文學博士，早稻田大學名譽教授，日本文化勛章獲得者。

一九一八年，任早稻田大學講師，一九二〇年任教授，原在籍早大史學科，授東洋史，後移籍至早大哲學科，講授東洋哲學。在此前後，津田相繼發表了渤海史考、遼之遼東經營、金代北部考等論文，同時在各類學術雜誌上發表了大量有關日本國民思想研究的論文，後結集爲文學中出現的日本國民思想研究四册。

譯者

李繼煌（一八九一年—一九六〇年），苗族，湖南省綏寧縣人。一九一三年赴日本公費留學。從日本畢業回國後，受聘於湖南省立二師任教，兼任常德沅湘日報等報刊編輯。一九二五年前往上海商務印書館任編輯并兼任農民文藝編輯，一九二六年回湖南，任省立第二師範（原湖南西路師範學堂）教務主任。他編過中學國文教科書，著有中國文化史、儒道兩家關係論、古書源流等。

儒道兩家關係論

史記老子傳：『世之學老子者則絀儒學，儒學亦絀老子，「道不同不相爲謀，」豈爲是邪？』此『學老子者』的四字，卽換寫作『道家』亦復無礙，故我們於此，可知在司馬遷的時代，道儒兩家，因爲爲道不同之故，便已經互相排斥。然而道家和儒家的關係，難道就僅止於此嗎？抑這兩家難道就不過是自始卽互相反對或互相違異的兩個各自獨立而說道的學派嗎？我們已經看見像上面所引的老子傳中的說話了，而同時，我們一面又見有孔子問禮於老子的這麼一回事，又孔子世家及仲尼弟子列傳也有可以視爲出於同一話頭的記事；再則呂氏春秋（二月紀當染）有『孔子學於老聃』之語，而儒家經典的禮記曾子問篇則載有孔子之言，謂曾聞某種禮於老聃云云，凡玆所稱老聃，皆當作爲所謂老子者去解釋，當如我後面所說；又『莊子』一書，常見有孔子和老聃的會話，且此書並載有許多說是孔子之言，而和老聃則毫無關係的：將以上各事綜合攏來，我們覺得道家和儒家，在他們學說的本身間，似乎不能沒有什麼內面的一種關係，而我們所覺得的，倘使果眞不錯，那麼這些內的關係，是在些什麼意味上呢？又是在那一些點上呢？並且又是怎樣生出來了的呢？再則這兩家固然是互相排斥然而以老子爲孔子之師，使儒家也是這樣承認這又是緣於一種什麼理由呢？關於此諸疑問，著者想在下面陳述一己的管見。

爲便利起見，我們於今試先就被稱爲老子的這麼一個人及『老子』的這麼一部書去想想看：一、史記的老子傳裏面稱和孔子爲同時人的老聃爲老子；二、述道德之意的五千餘言所謂上下二篇其著書大體與今所傳『老子』不相異；三、『莊子』雜篇裏面天下篇中所載稱爲老聃之語的大半都見於『老子』（第二十八章、第七十八章）：將此諸事一參照，我們便知道在前漢時代所稱爲老子的便是老聃；（莊子雜篇似是前漢時代之作，可參照後文）而如前面說過的禮記曾子問的記載和老子傳、孔子世家等之說，便也就可以推測到其間彼此思想上實有連絡。但是老聃這人的事蹟，卻差不多不能知道。見於老子傳裏面，其主要的記載爲孔子將向之問禮及著書等事，此外則不過記其鄉里爲楚、曾爲周的守藏室之史及不知所終而已。然而關於第一點，以說『失道而後德，失德而後仁，失仁而後義，失義而後禮；夫禮者、忠信之薄而亂之首』（老子第三十八章）

的一位老子，而謂孔子將向之問禮，這是很可怪的話，故司馬遷孔子世家裏有『蓋見老子云』著「蓋云」兩字，彼其明示這不過是出於傳說的這一點，實可以說是很有意思的；其次，關於著書一事，則『老子』一書現存，能否承認其爲孔子時代的製作，我們可就其內容上加以吟味。

『老子』一書中，含排斥仁義的思想，這是不消說得的：如『大道廢，有仁義，』『絕仁棄義，民復孝慈，』又上面引過的『失德而後仁，失仁而後義，』便都是這種例；然而這種態度，是要在已經有了仁義這個觀念的時代，纔能彀生得出來的。但是我們試據那在記錄孔子言行的當中不能不算是可以信據的部分較多的論語來看，那麼，孔子常常說仁，又往往道義，至於仁義連稱的例，卻一個也沒有，而其所謂仁，或所謂義，和連稱仁義之時的意義，彼此初不必相同。在『莊子』（例如大宗師、天道、天運、）韓非子（例如五蠹、）中，固不待言，就是儒家經典的禮記（例如表記、中庸、）裏面，也明寫着似乎孔子曾經說過仁義，但這些都是後人的造作。(1) 所以仁義至於成功爲學者的標語的時候，一定要在孔子之後，而我們便難於承認『老子』乃孔子時代的製作。夫仁義乃孟子所最爲力說的，而孟子所視爲異端而加以攻擊的當時學說，楊墨實爲之主，亦有告子之說，或則所謂神農之道至於老子之名，卻從未見有卽『老子』或似乎是傳這老子思想的東西，也都沒有見來。是故假使當時有這種『老子』之說的存在，其為說，乃和孟子的主張作正反對，幾乎要把他的思想根本推翻，那麼孟子便當然會極口去和這一種說論難，顧乃不見其有如此者，則知曾強調地以說仁義者為孟子，(2) 而以與孟子參照，則『老子』便會是孟子以後的製作。（離婁篇下有『所惡於智者，為其鑿也。如智者若禹之行水也，則無惡於智矣。禹之行水也，行其所無事也。如智者亦行其所無事，則智亦大矣』一節，這極似表示當時已有排斥智的一種學說，而這一種說，似見其與『老子』的一面甚相近似。但在『老子』的思想中，就令把旁的盡丟開，而孟子所必不能不攻擊的第一點，一定是關乎仁義的，所以見之於孟子中的這一種說，或當為『老子』思想的一淵源，卻非『老子』。）而且見於『老子』中的陰陽說及說『六親不和有孝子，(3) 國家昏亂有忠臣』，以孝子與忠臣連稱一事，這都是戰國時代的思想；（可參照荀子禮論篇、韓非子忠孝篇及呂氏春秋孟夏紀孝行覽等）且書中又屢言取天下，這也和孟子說王道同樣，是要到戰國時代纔生得出來的想頭。(4) 固然，此中之最後的，我們讀去實見其和『老子』全體的精神，幾似有不相一致之點，所以這些或者是自始以來卽未嘗包含在此書裏面亦未可知，但是，假定就是除開這些去想，而『老子』非孔子時代之作，由上述種種之點看來，當更無可置疑。（今所傳『老子』有重複之處，可對照着王弼註本第十章和第五十一章、第三十章和第五十五章、第四章和第五十六章去看。又莊子雜篇天下一章中所引老聃之語，其中有今『老子』所有與所無者，但自其乃是在同一個地方和同一個樣子地引用去着想，則那些怕的都是從『老子』取了來的。由這些的點去推測，那麼，今本似乎不是此書的原形，但這我們可以以爲這是今形的『老子』大體完成以後所生出來的變化。）

孔子未嘗問禮於老子，而『老子』又非孔子時代之作，則史記老子傳裏所載其最要二條的記事，便都不是事實。那麼，其餘三條又怎樣呢？第一、不知所終一語，實和『莊子』中（養生主）載有老聃死時的話相矛盾；此話固難於便當他作事實，蓋和此書傍的許多說話同樣，只不過是一種寓言，然而由此我們卻明白地能彀知道這麼一件事實，便是：在『莊子』中所寫過的此一篇中，其時並沒有見像史記裏所載的道家以老聃爲宗師的那位老聃。然而史記裏爲什麼還那樣說呢？這我們想大概會是因爲便是關於老子的這種點上面也不能確實分曉的緣故。這麼一想，那麼，在老子傳裏從那記事的本身上無須乎去懷疑的便止剩有鄉土和官職二事。原來，傳記之不能分曉，便是孔子也可以說是有這同樣的情形，不過在思想史上是佔那麼重要地位的老子學說，其學說是怎樣傳於後來的，這事竟完全不明白委實奇怪已極，而如孔子之說除去用語錄體去記載以外，竟沒別的方法的，這種時代而謂其曾自己著書云云，這豈不也令人難於信受麼？以上是把老子當作老聃去看待的說法，而史記別又舉有所謂老萊子者之名，並又載一說，說是周的太史儋即是老子。那麼，於今我們便就這兩說更加一想。關於老萊子這人，雖然未嘗說過他和那所謂老子的關係，然而戰國策的齊策裏面卻說有此人曾對孔子教之以事君之道的一事，而『莊子』雜篇的外物篇中，也見有他和仲尼的問答，所以在戰國末或是漢初大概會有似乎和老聃相像的說話，便就着老萊子也是這樣的稱道吧。所以在史記中所見的老聃語孔子之語及『莊子』中老萊子之言，這兩者所述的意義大致都相同，從這上面看起來，那麼，將孔子說是曾經向他問過道的這個話的這位老子，通說便作爲老聃以外，還別有作爲是老萊子的，而這有時似乎還混雜着說。故史記的編者用

『或曰』二字，將老萊子事便附載於老子（老聃）傳中的，想來怕會也就是這個緣故。而老萊子說也有十五篇的著書，現漢書藝文志於『老子』之外，又見有『老萊子』之名，（篇數有十六篇）故老萊子和老聃或是另作一人傳說的，然而他的事蹟，則除了與孔子有關的一事及說是有著書的話以外，竟全缺記載，而『老萊子』則如藝文志所說乃道家之書，老萊子既是說道家的思想的，那麼便是纔正說的這兩個話，用前此就老聃及『老子』所已經研究過的同樣的理由，也就成爲難信的話了，故這一位人物的影像，是微薄極了的。於今再就周史儋來說。周史儋說是秦獻公時候的人，（上距孔子凡百餘年）然而那作爲他唯一的事蹟而稱述的關於秦的豫言，我們以爲那是周室滅亡以後之所作，(5)故儋這個人物是否實在，殊亦不明。所以以這種極其曖昧的人物的名字，種種地以和老子之名相結合，則所謂老子者，說便是老聃的話，也可以知其爲並不是有甚麼深的根據或則是從確實的史料裏出來的；或者是因爲被老萊子和太史儋任意地紛雜了進來，以致給了老子這麼一個名稱的人物的內容，便不能不弄成了空疎。——至少，司馬遷必是這樣想的。如是，把這個和上說過的老子傳的批判相與參照，則更進一步，便不能不要弄到我們懷疑於老聃這個人物是否實在。若使老聃爲孔子時代的人，則非『老子』一書的著者，若使是『老子』一書的著者，那麼便不是孔子時代的人；然而或許在孔子的時代有名叫老聃的這麼一個人，這個人和『老子』是有點什麼關係的，那麼，我們便當以『老子』屬諸老聃學派的人的著作，從而我們便當以爲在從『老子』的製作之前以來便已有傳述如此思想的學派；顧乃不然：一、前面曾就『孟子』去研究過來，據此，則如此思想的學派竟沒有其光影；再則若是以爲在孟子時代以後有名叫老聃者，此人實爲『老子』的著者，那麼，爲什麼又把他當成孔子時代的人呢？這卻不懂了；而且在論語和『孟子』的裏面往往不僅止記載着孔子和孟子的行動，就是在他倆言說的上面，而兩人的人格都髣髴而現，不，殆不止髣髴，或寧可說是在活躍着，然而反之，在『老子』裏面卻全認不出有那樣一個人物的面貌來，止不過是格言的以道出某一種思想的書罷了，故此事我們亦應當思維。是故說是孔子時代的人同時又爲『老子』著者的傳說上之老聃，由上來這些考論，我們不獨知道並沒有此實在人物的這回事，而且就令單止以之爲孔子時代的人，或則以之爲孟子以後時代的『老子』的著者，卻都沒有如此人物的影像，所以不知所終的這種傳說，大概會也就是因爲這個緣故；至於當他作楚人的，這和將那同一類乎架空人物的老萊子也作爲他是楚人一般，都會是緣於道家的思想起於南方或則流行於南方，所以如此附會。——關於和儒家反對的學派存於南方的這事，則『孟子』中有以說『神農之道』者自楚來的一事，而與此相對，則明記周公、仲尼之道，似曾行於北方，又論語有楚狂接輿的話，這些都可以用來參考。『莊子』（天運篇）置老聃於南方之沛而謂老聃說孔子是北方的賢者，這裏關於鄉里之說，和史記所載的，其造作兩方孰先，雖不可得而知，而這是從一個想頭而出來的兩個話，卻不會錯的；又、以老聃曾爲周的守藏室之史的原因，大概會是因爲要表示他是一個學者的這麼一回事吧；（此事見於『莊子』天運篇）再、以周的太史儋作爲老子的那一說，詎非因「儋」與「聃」同音而遂生出此說麼？

要之，老子者乃那被後世稱之爲道家一派的思想家，爲欲將其說之由來遠託於古，再則怕又是爲欲想將他們的思想立於其所主要對抗的儒家之上，於是遂假設出這麼一個架空的人物來，而所擬爲此人物著作的『老子』，則畢竟不過是將道家思想的精粹，務令結晶之於簡潔的文字罷了；以此之故，故其書有類於格言集，而我們遂難得從那裏面認識出活跳的生人影像來。蓋將自己的思想悉託之於古人之言，或則浪將人物與其言說憑空結撰以示世間，此乃戰國人士之所好爲，如彼像是出於其初期的尙書等類便是這種好例，而這種例在道家也有與之同樣的，則我們止一讀『莊子』，便不難立見分曉，如彼黃帝、神農之言固自不消說得，便是列子（6）或南郭子綦之輩，其實都是這麼一類——而老子也畢竟就不外是其中之一。如此，孟子所主要攻擊的敵派爲楊墨，而『儒墨』這個稱呼自戰國後半期卽已流行，直至漢代尙復繼承，顧以儒家和道家作爲對立着想之一事，在先秦的書裏面卻不大尋得出來，準此看來，那麼道家之出現於世，就說得早些也似乎是入了前三世紀以後的事，不過『荀子』的天論篇中已經見有老子之名，則『老子』之出世，較前於荀子的時代，這是不會錯的。

其次，我們則當就莊子及其所著的『莊子』，試來加以考察。據史記莊子傳則以他爲梁惠王齊宣王時代，卽和孟子同時代的人，約在同時又載有他卻楚威王之聘的話，但是關於這些疑問，都不見得少。史記傳莊子的事蹟，殆和老子的一般，幾乎沒有，那麼，我們要知道莊子，似乎就止有就『莊子』一書去求的一法。然而今形的『莊子』，我們就單就他分爲內外二篇及雜篇一事去看，已經就難於承認他是屬於一個人的作品。加之其中有的是重複之處；（如達生篇和至樂篇的篇末，又山木篇和達生篇的一節）有的是同一個話而成爲兩個樣子之處；（如則陽篇的蘧伯玉和寓言篇的孔子又有像我後面所說的在思想上有許多互相矛盾之處而關於那最緊要的莊子，且有時作莊周，有時作莊子，筆法極不一致；再則就是在或一篇的裏面，其中所含的說話和論議之間，竟有彼此缺乏思想的聯絡而失掉了調和的地方：從這些上面看起來，此書全體怕會是好幾個人的著作所集積攏來的，並又似乎還隨著篇章，加以變改與添削。——如最初的逍遙篇，已經就是鯤和鵬的話相重複，從這點看，就難說這是此篇的原形。此書的著作時代，固不明白，惟其思想，則以可以承認其爲繼承『老子』或是從『老子』所開展者佔着主位；就是文章上面通於全體，凡所謂老聃之語者蓋累見不一見，有時且不能不採取『老子』之文（如齊物論、在宥、知北遊等各篇）所以就是他那寫得很早的部分都有老聃之名出現於世，則其爲『老子』以後所作，殆不容疑。而若就各篇一一去說，則德充符、齊物論、駢拇等中見有『堅白』之辯一事，倘使此所指者爲公孫龍子之說，則作是篇者之人，或是已經具了現在的篇樣之時，其時代，蓋無有前於趙的平原君之理；且如天運篇中見有三皇五帝之稱，則就令儘管說得早些，怕總不能超過戰國末以上，（在先秦書中三皇五帝稱號的出現而我們能明知其時代者，怕會是以呂氏春秋爲最早吧。）而胠篋中又有『田成子一旦殺齊君而盜其國十二世有齊國』云云，則又不能不以這是田氏滅齊以後之所寫，故此篇會多半是秦代或漢初之作；而山木篇和外物篇則與呂氏春秋孝行覽必已一章文字全同，而自其文意上以觀，此當是將呂氏春秋之文二分而成此兩篇，（7）若果爾，則這也是漢初之作；庚桑楚篇中有『至禮有不人，至義不物，至知不謀，至仁無親，至信辟金』等語，將仁義禮知信如此列舉者，想來怕也是用的於孟子仁義禮知而外加信而爲五的漢代儒家之說作背景；又最後的天下篇係將各種學派的思想加以敍述批評，然其中對於莊子，也和傍的諸家一樣看待，這可見頗是到了很後纔添加上去的，因而遂令人可以猜想其爲類乎漢代的著作，但是對於莊子學說的批評，在『荀子』（解蔽篇）中也見來，故荀子之時，似已經就有被稱爲莊子之說的，於是遂會以某一種形式而包含於現今的『莊子』的某些部分，所以這書裏面戰國時代的著作，當亦在所能有。那麽，『莊子』一書，我們便可推測其中實包含有從戰國末期以至漢初所寫的文章，從而這書就難當他作莊子這麼一個人的作品，便會愈加明白了。（『莊子』所由分內外雜三篇的，大體彷彿是表示含在其中各篇的著作的年代順序，但這自然是不能嚴格地如此斷言。）而史記裏記的，似莊子曾作過漁父、盜跖、胠篋，但此中，至少如胠篋一篇，準上述的理由，便和以莊子爲齊宣王同時人的一事相矛盾，卽漁父、盜跖，而自其爲雜篇中的文章之點看來，多半可當他爲漢代之作，故仍然要生出同樣的結論來。如是則關於『老子』的製作時代，倘使以著者以前所考證者爲有理由，那麼，則關於『莊子』的著作時代，就是他寫得頂早的部分，也一定是遠在齊宣王以後。因之，若是以爲『莊子』的何一部分，實爲莊子之所著，則關於『莊子』的時代，史記之說便不可信。且我們試更一熟覽此書，則見此書不論是那一部分，凡所謂莊子的語及與莊子有關的說話，都把他和其他的老聃、孔子、此外則堯、舜、黃帝等許多架空人物，用同樣的態度，同樣的寫法，處處引用，或則記載，如是而已，以故『莊子』的全體，殊沒有看見和莊子有特別關係的那個樣兒。而且就是他那一部分，我們也不能以爲這是莊子這麼一個人的自著，或則這是有類於莊子語錄的性質的東西。所以由『莊子』之書，以知莊子之人，此事良不能不謂爲困難。

既如是，則在『莊子』的記載中，莊子的事蹟，就竟不知道麼？這樣說來，那麼第一要令我們留心的，便是山木篇的異鵲的話和至樂篇中同髑髏的問答。此兩者，當得是要當他作全然空想的寓言看的，而其說話的主人公，卻便是莊子，從這點去看，則莊子這人是否爲實在人物，便大足懷疑；而如齊物論篇中彼有名的蝴蝶之夢的話，也當得須是作爲寓言，並不是可以當作某人在某時的特殊事件去看的，因爲並無此性質故；至於如田子方篇裏的和魯哀公的問答，乍見似是要令人起類乎歷史的事實之感，然而關於儒服的批評這一層，是要儒者這個東西在世間上佔了特異地位的那個樣子以後，而後纔能有的，故這沒有和那適當孔子晚年的那位哀公相與對話之理，再則像在『莊子』中所見的莊子思想，孔子時代並沒有存在過，此事由前面研究老子時說過的同樣理由便可推測得到，故和魯哀公問答一事，實全然屬於憑空結撰。是這樣，而莊子的時代、事蹟，卽在此以外，亦無有可以足資明曉之件，而書中處處見有和所謂惠子這麼一個人的問答（逍遙遊、德充符、秋水、徐無鬼、寓言、外物）。這人看去似是實在的，於是會有人以爲莊子也就實在，而德充符篇中莊子之語，係堅白之事，故此事若眞，莊子便是戰國末造的人。無奈在這樣近世人物的身上，而附會之以像前面所記的那些空想的說話，這豈不令人難信麽？蓋凡實在的人物，固有以之說話化之事，然這是需要隔了某時間的過去的人的。以故，因爲是有這和惠子的問答的話，所以對於莊子，其爲疑便會益深。於是，我們於今又試離開『莊子』而去看史記，則上面已經說過，他曾有卻過楚威王之聘的話。此話很可以覺着他彷彿是事實也不可知，然而這話的出處是出在『莊子』列禦寇篇，其中，那下聘的國和王的名字，兩都沒有載明，而別又在秋水篇中，見有說是不應楚王之招的一事，此處也沒有說出王名來。如是，我們在這些上面去想，而又將那『莊子』中關於莊子的說話多屬寓言一事把來參照，則這所謂卻聘之說，怕也就當得是一種假託；就是，以道家的思想，而用莊子之名以說話化了的吧：故書中造作著若許由、若務光、以至其他類似於此的話很多，這事我們也不可以輕容易便看過。在史記中，關於莊子一身，絕不能傳出他甚麽傍的事蹟，而僅僅有此卻聘的一個說話，這是一事；再則關於其著書的記事，乃到底難於相信的，而這怕的止不過是根據『莊子』，遂以爲這是莊子的著述，此又一事：依此二事比而觀之，則史記裏這楚威王的話，恐怕也一定是由『莊子』中上面說過的那兩篇中的故事來的。不過，在史記中，卻出現了威王這一個名字，這和以之爲齊宣王時人的，一事兩方，怕的都不能無所本，然而在這個疑問的另一方，卻又有以之爲魯哀公時人的，那麽這豈不也是極其浮泛無根的話麽？至少，說是可以放他在相隔一世紀半的兩個時代裏的這事，一來竟可以說是暗示這兩方都是出於造作，二來尤其是他的生世乃是和孔子或孟子同時，於此則這兩個話的意味，豈不就生出來了嗎？而我們若是更一臆測，則既將老子置之與孔子同時代，因而便將莊子放他在孟子之世，這是一說；而史記便根據的這一說，但到後來，卻想將莊子也上溯到孔子的時代去，這我們可不是在田子方篇中見着的嗎？那麽，道家有想和儒家對抗的意圖，豈不就可以在此處認知出了？總之，是這樣可以任意代他定出時代，又是這樣可以任意移動的這一事，以之印證上記的種種考論，遂會相俟而尤弱了莊子這人的實在性吧。所以我就疑惑莊子這人，怕也和老子一般，同是假設的人物；而這夢爲蝴蝶的莊子，和那御風而行的列子，怕的都是產生於道家空想裏的烏有先生。至於史記裏止見有鄉土和職官的，這恰和老子那的相同，而此事亦可以在此烏有的意味上去注意之。於是此類乎空想人物的莊子，其始爲人知之時期，乃在『荀子』成書以前，這是明瞭的，然其又當在『老子』成書以後，故下距荀子，殆不甚遠，或則又可以說兩者蓋約略在同一個時代也未嘗不可；而這假託於莊子的著述便也似乎就是在這個時候出現於世。如是，今之『莊子』彷彿便是以此爲原本而後又從而漸次補書或則加入了後人的著作，故被稱爲『莊子』的，當會就是這個緣故，不過，其最初作成的這書的原形，並不限定就是照着他原來的樣子以保存於今『莊子』的某某部分中，而其像是曾被添加了種種的變改潤色，這已如著者前述。蓋和著者將在後面說的一般，著者之意，以爲便是今『莊子』的內篇諸篇中也可以推測而得，有的是成於荀子以後，有的是爲別手所參加了的。

那麽，說到此地，則見於『老子』和『莊子』中的所謂道家之說，究當爲何人所唱，又係何人所傳的問題，便自然生出來了。夫『老子』和『莊子』的各篇章中之所稱說，大概說來，其互能一致之處固多，即共通的思想也有，然而齟齬矛盾的言論，卻亦往往包含，並且又有難於承認其是從同一個思想所開展或變化發達了的種種分子的存在。故這怕的並不是像由孔子或墨子那樣的大宗師唱了出來，而又由其門弟子等或則以之傳後，或則以之開展其思想的這種學派；而怕的是以時代的一思潮，懷抱類似之說者凡若干人，此諸人之說，乃互相混合互相影響，不知在何時，遂形成了一個的學派。而我們則又覺得，『老子』者，大概或許是將這若干人的思想拔其精粹，『莊子』者，則稍後而將屬於同學派的諸說收集攏來。而關於『莊子』的這種集成的痕跡，初非無一二草蛇灰線之可尋，如天下篇有『不顧於慮，不謀於知，於物無擇，與之俱往，古之道術有在於是者，彭蒙、田駢、愼到，聞其風而悅之。齊萬物以爲首，曰：天能覆之而不能載之，地能載之而不能覆之，大道能包之而不能辯之。知萬物皆有所可，有所不可。故曰：選則不徧，教則不至，道則無遺者矣。……』此一節，略同於齊物論的思想，而這種思想，我們以爲卽天下篇的作者，度也是這樣懂得了的。顧其中別又將老聃、莊周之說也列舉着，那麽，則我們便會明白在『莊子』裏面實包含着在漢初時依老、莊之名而被知道了的思想以外的思想。田駢、愼到之說，是否如天下篇所言，極爲可疑，(8)故『莊子』的齊物論，與其說是繼承他們的學說，我們以爲這是採取了假託他們之名的學說也不可知；然卽如是，而這並不是當他作老莊的學說相傳的，卻可以推測而得。至於爲『莊子』的一大要素者，實有『老子』及從他所開展出來的思想，抑這些思想或者還佔着主要的部分，顧其本來，卻似乎也並不是當他作莊子的學說相傳的。天下篇中，還有這樣的一節：『苟漠無形，變化無常。死與？生與？天地並與？神明往與？芒乎何之？忽乎何適？萬物畢羅，莫足以歸：古之道術有在於是者。莊周聞其風而悅之；以謬悠之說，荒唐之言，無端崖之辭，時恣縱而不儻，不以觭見也。』讀此，則所謂莊子之說的本領，實約略可以形於想像，故像那見之於逍遙遊中的思想，似乎便可以代表他。何以呢？因爲這種思想，和那見之於『老子』中以虛無爲主的思想，彼此初不限定有相伴的必要；故以此，故我們可以以爲這是結了後世結合及混和上去過的。而那些道他便是莊子之說的，會亦有點甚麼理說，而解蔽篇中荀子批評的話『蔽於天而不知人，』若其是對於莊子學說而發的，則彼自亦有其和『老子』可以調和之處，並且實際惟其是可以調和，故兩者遂會相與混合了；然而我們卻不能以爲所謂莊子之說，實僅止基於老子，乃由之以開展焉，發達焉。我們宜以爲他是蒙了點老子的甚麼影響的，顧卽如是，而和老子卻是分道出現於世的。是這樣看法，或者要較爲妥當。——司馬遷評莊子道：『其要歸本於老子之言，』這是因爲他相信今形的『莊子』爲實在的人物莊子之所著，所以這樣說，我們不能以爲這是得着事情的眞相的話。夫以上所舉，不過是一二之例，而今『莊子』所緣成立；便約可由此想像了。但是，說法雖則如是，而成立這一派那若干學者實際的名字，卻幾乎不傳，遣或者因爲他們並不是那些求祿仕於諸侯的遊說之士的緣故：蓋若儒若墨，已自不消說得，便是以外凡說種種道術的人，大抵都是恃其道術以求地位以干利祿的，孟子不消說得便是這樣的一個人，就是孔子，設或他是生於戰國之代，而我們也可以見其會和衆人一般的；（如孟子滕文公下、呂氏春秋孝行覽遇合等）所以弄到異說紛起，彼此互相論難，又這一學派則將他一派的學說收進來的，其原因之一，凡都如上所言。顧道家一派，其爲說卻委實是原於反抗當時這種知識階級所通有的態度及思想界的現狀而起的，那麼在學說上既是排斥這一些事情的道家，則在事實上當然，他們便大都是民間的講說之徒；而且他們所說的若致之實踐，實極其空疎，蓋如司馬遷許莊子，『其言洸洋自恣以適己，』是這麼一流的放言高論，遂致『王公大人不能器之』，故諸侯等竟無可用他們之途，抑他們自身想來自始也就未嘗期待有用。是這樣，則當時的思想家及學者中，其傳名於後世的，自然便要歸於那些求名求利之輩了；而道家的學者則直到今日都無由知道的，這豈不可以說是當然的麼？

於是，則關於『莊子』一書，若使以上臆說初無大過，則這一派的種種的思想，——雖則調子色彩，各有幾分相異，然大體都相類似——大行於世之時，其事蓋起於戰國的末年，而韓非子中，固已有『老子』影響，乃若呂氏春秋那種集諸家之說而成的書，則所含此種思想的分子尤多，準斯以觀，蓋當韓非子、呂不韋之時，已經就很在世間得了勢力了。而說起書來，則和呂氏春秋有同樣性質的漢代的淮南子，其全體的骨子，差不多可以說都是這一派思想之所構成，這麼看來，便知道到了漢初，其流行之勢，實越加激昂，故史記太史公自序中，看得道家特爲重要的，便也是告訴我們以此事。但是，作這一派的中堅的，最佔優勢的，廣傳於世最早的，卻是『老子』的思想，所以在『莊子』中，我們可以看得出這是『老子』之說，及這是從『老子』所發展而來的思想，要佔着此書的一大部分，便也就是這個原故；即韓非子中，曾採取『老子』，又有紛雜爲老子所謂老萊子這麼人名的出現於世，並作了稱爲彼所著述的作品等，凡皆不外於此。這老萊子出現的時期，雖則無從知悉，然不論是出現得怎樣早，我們總不能上溯到戰國末年以前，抑或者就是漢初的時候也說不定；蓋見於漢書藝文志道家一條的著作裏面，我們以爲其中怕會有的是那個時候的作品。

道家思想出世的時期，及其弄到了流行樣子的狀態，若果如著者以上所言，則其與儒家之關係，當亦自能推知吧。我們如今試先就『老子』來看看：『老子』的『大道』於極力地說過道這麼一回事以後又其『不言之教』（第二章第四十三章）於暢論着教這麼一回事之時，凡都是由下言的這麼一種思想所生出來的觀念，卽想要立在這些道和教的上面而又要超越這道與教；而他以爲聖人『無爲』（第二章第五十七章第六十四章等）的，這一定也是對於那以爲古聖人作了種種事業的學說特意去反抗而唱了出來的。——此事實，那些觀念的本身所如是明詔那麼，前於『老子』而說道、說教、說聖人的，乃儒者，而把這些又特地高調以宣揚過來的，乃孟子。(9)我們在論語中，固也看見孔子之言有很多關於道的，尤其是說過『吾道』的地方都有，但是一到孟子的口裏，卻大說其堯舜之道、聖人之道、孔子之道、周公仲尼之道、『夫道一而已矣』（滕文公上）……將他所遵奉的旗幟，高高豎起，鮮明異常，而凡是異道的，就是所謂異端的，則加以極度的排斥，如此，則『道』之一語，其所以給人的感受便極其強烈，而同時也就成了拘束；至於教的觀念，在論語中也有，如子路篇『既富矣，又何加焉？曰：教之』『善人教民七年，亦可以卽戎矣』等，但是這觀念的一般的意義，卻還沒有明瞭地說過來，顧到了孟子，卻清清楚楚地道，『人之有道也，飽食煖衣逸居而無教則近於禽獸，聖人有憂之，使契爲司徒，教以人倫，』（滕文公上）而舉出所謂五常之教，見得人的爲人之道。乃緣於古聖人之教，如此，教遂被看承得重要到了極點，而同時，則那垂教的乃是聖人，故聖人的事業，就益發明畫出來了；論語中亦說聖說聖人，然而那似乎是指的完全的人格和說是人的這麼一種漠然的意義，但是孟子卻把堯、舜、禹、伊尹、伯夷、周公、孔子，當作古之聖人，又把這種聖人之稱，加給那些垂教的，安民的，得百里之地而爲君，則可以朝諸侯而有天下的等等的人，如此，則聖人遂成了主於站在王者地位的人的稱號，而其所理想的之聖人，則以堯、舜、禹或周公爲最，而其關於堯、舜、禹和周公的想狀，則孟子似實以尚書的記載爲根基。蓋出而說道者既多，而其所爲道又成了各異的狀況，則說者便不能不各示世人以吾道實優於其他，於是，在那尙古思想已經形成到了某程度的當時，便自然會要弄到各自把自己的道託根於古先聖人之教，益以在那種以據述取天下之道爲急務的時代，則其以古聖爲王者之一事，乃極其自然的徑路：故由孔赴孟的上述的推移，似能如是以解釋其意味。然而人所爲道，既各異其趣而相爭，則何者乃爲眞道，便弄成一場糊塗了；就令以爲這是古聖人之教，而其爲道若是和現實的生活不相容，或則並沒有交涉，那時，這個教，豈不畢竟還止是空洞的言語和空洞的文字麼？又或者一味止是高談堯舜的事業，然而那些事業，和目前的政治究竟有何關係呢？這麼一問便不能不要疑到聖人的事業這個東西的價值。故因孟子而被高調化了的儒家之說，對之而有反抗思想的出現，怕會是當然吧。而『老子』者，便是這出現的反抗思想了。然而『老子』，雖則反對儒者之道，反對教，反對聖人，顧他猶未能絕棄道、教和聖人的觀念；而且就是那以聖人爲王者的想法，見之於孟子的那種思想也還是繼承着，或者並且一面反對儒者的道德，一面仍舊是捨不得丟他：是這種情況，於是乎『老子』之言遂不得不成爲一種 paradox 了。我們試看他說『道可道，非常道，』（第一章）說『天下皆知美之爲美，斯惡已；皆知善之爲善，斯不善已，』（第二章）說『道常無爲而無不爲，』（第三十七章）說『上德不德，是以有德，下德不失德，是以無德，』（第三十八章）說『六親不和有孝子，國家昏亂有忠臣』……總之，通於他的全篇，到處都可以見其是用的這種 paradoxical 的表現法。所以，倘使這若不是爲的反抗那當時現行於世而又多爲人所信從的思想，又怎能生得出如許奇怪的想頭呢？而不言之教，望人無爲，諸說，畢竟也就同此一事，乃若『大道廢，有仁義；智慧出，有大僞，』若

『絕聖棄智，民利百倍；絕仁棄義，民復孝慈』（第十八章）等等，凡都是要有了以仁義爲教之本的孟子學說以後纔能够解得通的。

拒否仁義一事，乃反對儒家的『老子』思想重要的一面，故於茲，尙欲略費數言。夫孔子的仁，在理論上乃一極其曖昧的觀念：這仁是道呢還是德，竟不分曉，就令是道，而其本於何處，抑又何所由來，都不明白。然而孟子，卻於仁之外還取了義來，與之以同於仁的一樣價値一樣地位，如是遂關聯此二者而使之成爲對稱，乃又於此二者，加上禮智兩樣，同時，就把這仁義禮智作爲人生本具之性，『公孫丑上、告子上、盡心上』這便是所謂四端之說，而性善論於以成立，良心說於以胚胎。不過，此處之所謂性，在我們現在看來，實混雜着種種的意思在裏面，所以一加精密考察，孟子的思想也依然是曖昧不明；而且其所謂性，果須怎樣纔得成爲道德的行爲呢？在那裏面有否可容意志活動的餘地呢？凡茲疑問，都未嘗獲得明瞭的解釋，因而善這一個觀念也就極爲茫漠，故若以之爲倫理上的學說，蓋不免於極不完全；惟是這個思想的中心點，乃是在『非由外鑠我也，我固有之也』（告子上）二語，據此，則仁義爲物，初非由於外部所與的規範，乃是存在於人心內部的東西；我想，孟子是這樣說的，並且把這事還強調地論過來的原因，大概會是緣於當時，把道德上的教這一件事說得繁難不堪，而學者之間，遂起了這教和人性，究有什麼樣的關係呢？的問題。而道德的行爲，如心理的或倫理的解釋等，既未嘗成爲問題，故這也就不充分了。且性既是善，那麼惡的由來呢？這卻沒有說明。若從『盡其心者，知其性也；知其性，則知天矣』及『存其心，養其性，所以事天也』等語去看，則人性是與天相通的，天之所賦的，或則乃是天的表現：這些意義，這是我們所懂得的。然而若果如此，那麼天也就非得善不可，而宇宙人生，既都是照着天的意志以動的，那麼惡的由來便益難說明了。且以天爲善，這在今日看來，殊也是一種極其奇怪的想頭；不過，在那有所謂天人合一觀的中國人中，這卻是當然的事；因有此觀，遂將道德的基礎求之於天，或則使歸根到天，乃給天以道德的性質焉：故性善這種樣子的思想所由生，這或者也可以當他作一個因由。但是就令說是孟子，而人生有惡的事實之存在，便他也不能看過不理會。於此，他遂在別一方面，乃述了一種和性善論難於調和之說；這說便是上面曾經引過的，若沒有聖人之教，則人便近於禽獸云云，而由此，遂生出儒家的教化政治主義來。這種主義，多半在孟子以前，就已經行世的，孟子怕的是止於繼承其說而已吧。

——現在孟子就着尙書的五教便是述的此事。而在這一說裏，係止要將『教』所根柢之處，當作一個什麽時，則由之會卽刻可以生出種種的想法來。然而這種種的想法卻都是說的若沒有教這麽一個特殊的東西從外部附與上去，就是說若是聽着人自然而然（任性）地生長起去，便莫能成功爲善人。（孟子的本文，有飽食暖衣逸居而無教云云，在理論上，這不成其爲問題。）那麽，則所謂仁義禮智的，便都是存在於外部之道德的規範，至少也必得要有教而後纔能够顯得出來的這麽一說，便自然要令人思及仁義爲物，並非存在於性中或天中的，乃人爲的，聖人之所造作的；（此種想法，初非謂孟子曾明是這樣經歷過來，亦非說在論理上一定會是如此。）至此，則和『老子』的『大道廢有仁義』的思想，便又有連絡了。蓋『老子』的這一句話，固然是可以容得下種種的解釋的，然而止要是以大道爲存在於自然中之物以上，自不能不認爲他遂有以仁義當作人爲的之傾向，而『莊子』馬蹄篇有『毀道德以爲仁義，聖人之過也』之言，以仁義歸諸於聖人的造作，止不外是這一種思想之更進一步的罷了。是這樣，則這想要拒否仁義的『老子』的思想，我們便無妨這樣的說：這種思想是可以從孟子之說的一面，或又寧當說是可以從那由孟子所繼承下來的儒者的思想開展得出來的。（以人類的道德係屬於外部的規範之想法，雖非導源於儒家，卻儒家自可以有此思想之存在，不過由人的造作一步進而歸諸於古聖人的作爲，這怕的是由儒家思想出來的。）既如是則『老子』所緣排斥仁義的就爲的他是人爲的原故那麼人爲的爲什麼就應當排斥呢？答覆這個問題便是：天（自然）是無爲(10)的，沒有意志沒有欲望的，故人亦應當如本來自然一般的無爲；——如是，遂立出和孟子他們相異的別樣的天人合一觀來。以上是就那在『老子』思想之一面的仁義作爲說來說的，而就是在其他一面也有和孟子連絡之點。這點便是：說人若是聽其自然，則無待於外來的教養，便已是道德的；這種見解在將孟子的性善說徹底地參詳時，便知和孟子之說彼此實沒有多少的距離，仍然是立於同樣的天人合一觀上面的；（而這種想法，和孟子的性善說在同一意義上，便『老子』的道德觀也是曖昧的。）所不同者止不過仁義或善的這種名目之設不設一事罷了，而『老子』則是排斥設立這種名目的。蓋名之所在，便有作爲，故孟子的性善說，從『老子』的眼光看來，決不是以自然的本來便作爲道的。如是，『老子』遂以儒家之道爲人爲而拒否之，同時，乃別建存於自然，先天地而生之『大道』，以立於其上焉。（第

二十五章）

於是則『大道』爲物，似乎是離絕言智的。（第一章、第二十一章、第二十五章）但是，這並不是一種哲學的認識論的考察，蓋不過緣於一者想要對抗那用言語說道的儒者而欲立於其上，二者則在實際的處世觀上，以爲用智相爭實大不可，所以遂有此所謂『大道』之稱；故其說虛、說靜、說一、說無爲、說無欲、說抑損的，畢竟大都不外是說的這個大道；蓋若使大道眞是一個離絕言智的東西，便五千餘言自始就不應該說了。本來，『老子』中言，初非屬於論理地以整齊過來的，故說『大道廢，有仁義，』而大道是怎樣廢的，竟一毫沒有道出其所以然；又棄了仁義便大道可行一事，並沒有從這個前提發了出來，而他卻已經就說『大道廢，有仁義』了。從他此後的思想去推測起來，似乎其意是大道之所由廢，乃是因爲說了仁義的原故，那麼當然便應問道『爲什麼說了仁義的？』，但這卻沒有想來。而若更加去推廣說來，則人爲既是有背於天，而這種人爲又是如何生了出來的呢？也沒有說出。再則，既可以說是道之可爲道者非常道，那麼，便也就可以說大道之可爲大道者非大道、無爲之可爲無爲、虛之可爲虛者非眞的無爲眞的虛。顧他卻慮不及此。這原因，想來一者是緣於當時的中國人，其論理的思想還沒有發達；二則，他的本意，是在於反抗儒家及陳述一家之見的處世術上：故『老子』之說並不是那把思維當作思維去處理的哲學，他止要達到他直接的實用目的便已經就彀了。夫『虛』和『一』決非一致的觀念，然而他卻把這兩樣一律看待；又自無而生有，（第四十章）也是不合理的說法，然他卻了不介意地如此說：凡這都是由於剛纔說的那些原因而，『虛』也，『無』也，『一』也，畢竟還都不過是把一種的處世術而思維化了的些東西，其本意則在這個處世術上而不在思維。蓋人能寡欲而自貶損，以柔對世而不以智爭，便自能成功而集事，而治國平天下，卽都亦同此一理。這是『老子』中的處世術，而『無爲』者，則把是術更加上一層的強勁而說了的。此外，『無爲而無不爲，』（第三十七章）『不爲而成，』（第四十七章）『聖人無爲故無敗；無執故無失』（第六十四章）……凡都是這一個意義、惟『抱一』和無爲，似不同物，然『莊子』刻意篇中所說的『一而不變，靜之至也』及『靜一而不變』等語，若使相當於在宥篇中的『守其一，』那麽便『老子』中的抱一便也似乎仍是此義，因此義，而『抱一』便也就成爲『致虛極守靜篤』（第十六章）的思想而連結上了虛無的觀念，遂也就可以說成無爲。又『一』和『虛無』這在概念上，自明是可以區別的，但在實際的心理狀態上，卻和無爲無欲、靜、抱一等，說是相近似亦可，相關聯亦可，故彼此就弄得互相混淆；而『老子』的思維途術會亦可以由此了然。是這樣，則我們又可以推測其說宇宙萬有自無而生的，也是將無爲而成的這種處世觀，使之開展到了形而上學的宇宙論之形式的；卽其說天地之所以長久，以其不自生云云，乃是從聖人無私故成私一語所比擬而成者，也足以供參考。（第七章）『天得一以淸，地得一以寧』（第三十九章）也是將上說的『抱一』適用到了天地上去的，而以天爲無爲的，其一半的理由，會也就在此處。本來，認天有意志的儒家（又墨家）的設想，乃是繼承那遠在過去的幼稚宗教思想而將其道德化了的，而其根本，則在於將人以反映天，迨跟着知識的進步，便當然有一種合理主義的見解要發生於其傍，於是在儒家這邊，便現出以天這個觀念作爲宇宙的理法去看的人，而『老子』一方，則亦以相同的傾向而用稍異其趣的態度，以天爲自然，爲無爲，而這上面，似乎像前面所記用來作處世術的無爲觀念，實影響着在。然而這是以天爲無爲，爲無意志的『老子』設想之所由來，而天一旦是被這樣的去看，則在立說上面，便要把天的沒有意志及自然等事作爲前提，乃由此而演繹上人是應當無欲應當無爲的。——要之，不論他是說天，說自然，而其本意，卻總是在人間的生活上。我們試看他反覆地使用天地或萬物等語，又說『道生一，一生二，二生三，三生萬物』（第四十二章）對於萬有的開發，蓋加以一種形而上學的解釋，然而凡是這些，卻常常是和處世之術連絡着說的，便足知其思索並不是純粹地當來作思索處理的；不見乎他剛一說了『天地之始』和『萬物之母』以後，便立地被無欲和有欲的觀念把方向轉了過來麼？（第一章）故荀子評老子道：『有見於詘，無見於信』（天論篇）這怕的也是把他的思想作爲處世術去看，故如是說，那麼這便和上說的見解一致了。我們或者又可以這樣說：全體講起來，這書原來是說實際的處世術的，顧其間這一種思索，卻處處亂雜進去的原故，大抵此書所載，本來並不是某一個人的完整了的思想，乃是那被後世稱之爲道家一派之所說，漫然列舉在裏面，所以如此；故就令單止就思索去說，他一方既然有像上述的萬物自無而生之說，而其他方，卻又說萬物自道而生，而這個道，若便是他所說的『有物混成，先天地生』（第二十五章）的那個『物』，麼那麼這兩個想法，便全然矛盾，而這個矛盾的來源，也仍舊怕就是纔說的這個原因。但是，我們既已是由『老子』這書去想，既已把他當作整個的思想去看以上，則除了如著者前此所考察外，竟不能有別說。如是，則『老子』的根本思想是在處世術上，那麼，則他所說的虛，說的無欲，便都不是將世界和人生當作虛無去看，也便不是主張欲——求生的意志——的斷滅了；這是當然的，但這卻和印度思想裏虛無斷滅一方面的想頭，不能不說是全異其趣。蓋在實際上無欲乃是寡欲，（參照第十九章）虛乃是靜乃是一；（參照上文）故『老子』中，不論是什麼地方，都沒有見出其想要否定人生的那樣思想。

不過，關於『老子』的眞的問題，乃是像他所說的那種處世術，果否能彀實現一事。『老子』的思想，乃極其樂觀的，遂乃拒否道德的教養而排斥智能；總之，凡是在人以爲是有害於文化的東西，而在他則以爲自自然然的人生，實自能叶於大道：此地便已經有這樂觀主義的存在，而其除去文化一事，他以爲這是容易做得到的，迨文化一除，則人皆孝慈，爭鬬絕而天下治。——這都是出於他的樂觀態度。（『老子』的智能排斥，初非那重視直觀的認識論的問題，亦非那禪家工夫的修道方法，以爲達超越理智之境，乃有悟道之要諦，而又非那尊重冥想的，或則神祕的之心的狀態一輩人所主張，故其言『不尙賢，使民不爭，』言『常使民無知無欲，使夫智者不敢爲也，』言『絕聖棄智，民利百倍』……凡都是實際社會上文化的排斥，意極分明。則關於道德的教養之否拒，便自不消說得，而既把仁義當成古人的造作，則行過大道的當然便要作爲那猶未創出仁義來的太古狀態去想，故這也是一種文化史的見解。）然而這除去文化一事，假定就是能彀實現，而此事若非全人類都如此，則殊不能於除去之後而達其所期之目的；故『老子』當述其學說之頃，每言天下，言民，言聖人（王）的，便都是這個緣故：蓋其主旨在欲使天下萬民，盡行脫卻文化，悉令復歸於自然，而其方法，則止要聖人無爲則民自化。（第五十七章等）如是，則『老子』所說，乃是一種政治術，然而這種設想，其實現之不可能事極明白，故這自始便不過是一些空言。若使其所說而有幾分的實行之可能性的，倒不在王，也不在聖人，卻在某一個個人的對人對世的態度上；蓋寡欲則至少可以心安，或則能彀遠害，而且碰巧還可以因爲自損卻來益身的結果，因爲自屈，反成自然伸張的機緣，故此事遂爲『老子』所隨處反覆申詳。然此事乃是從窺破存在在世相那個東西裏面的，質言之，便是一種的 paradox 所生出來的一種想頭，乃是從老於世故的人所體驗得來的精巧的處世術，而在其根柢上則有功利主義和利己主義的存在：故屈乃所以求伸，損乃所以求益，無爲乃期於有所成，無欲乃期於有所得：故『老子』之說的本領或其出發點，便就在這上面。而上文謂『老子』之說是處世術的，便也是由這個意義來的；卽其所謂政治之術，也止是就王及聖人自身而說其應如何以治天下，換言之，就是應如何以爲王與聖人並得以保持其地位，故這也仍舊是作聖與王的處世術（此點在孟子等人也是同樣）。『老子』中有取天下之論，已如前述，蓋和他主張無爲的全體精神似相矛盾，故這或不是從最初就有的文字亦未可知，但我們從他把無爲當作一個的方便着想一事看起來，那麼，這和『老子』思想的根本，卻也並不是不相容的；如此，則在這緣於反對儒家見解而起的『老子』裏面，他一面旣與儒家各異其趣，一面又同是說王者之道，這也應是屬於當然；而我們若以爲『老子』初不必屬於一人的思想，則把這取天下之論，以爲是最初就載在裏面的去解釋，亦未嘗不可。——不過，這和儒家所說，卻同是一種空疎之言罷了。夫政治之術，旣屬空疎，則欲立『老子』之道德於天下，其事乃不可能；卽就實踐的去着想，便在個人，而道德亦不復存在。而從我們今日的眼光看來，則自然的原狀，卽無爲一事，若以爲是道德的，那麼，這實則是鏟除道德的意識，從而遂沒有道德，而這就令是作爲另一問題，而上記之點，亦無可爭。於是，則『老子』之說，若我們以爲他是起於反抗儒家之教之止於斷斷於名目而不能實行，則其爲反抗，在消極的一方固有其意義，至於積極的主張卻成爲空疎者便會是自然的傾向。

由此說來，則『老子』的大道在實踐上固不消說，便是當作思維去看，而其價値亦甚低之一事，我們便會明白吧；他那由許多的 paradoxical 的表現法而成功的 aphorism，其一半竟是言語的遊戲。不過，他的那種運思，不管是怎樣，總有幾分踏入了形而上學的宇宙論的思索，這在思想的進步上是不能不允許的；而陰陽說和五行說之出現於世，以至於開始流行，都似和他約略在同一個時候，由此一想，便似乎於此大足以窺出時代趨勢的一面來。乃若孟子之道性善，談良心，方向雖則相違，而在這同樣的意味上，便當得也是表示人的思索已經要比前淵深起來了。惟是孟子之所大其聲而昌言的，乃是其疎大的王道論和天下統一策，至於如性論之類，初不必和這些有其內面的之關係，同樣，而『老子』因反抗孟子所出而唱道的也（至少也得在形式上）是當來作治天下之道，至於他那幾分形而上學的思索，實並非其本領，故在這點上，也足見得這一種的運思在那時代猶未十分發達，所以這樣相同的狀態，遂發現於兩方；不過，孟子的思想是傾向着心性方面的，而『老子』形而上學的思索，卻是宇宙論的。蓋孟子，乃是從孔子的道德思想所開展出來的，至於『老子』，卻怕會是和民間的開闢說話之類有點淵源在；孟子中沒有宇宙論的之考察，同時，在『老子』中，我們也找不出論性的地方來。『老子』說大道存於自然，而大道是如何出現於宇宙的，也曾論來，顧大道和人性及心是如何關與的，卻未嘗用意；且既已排人爲，尊自然，則如孟子所說的存心養性的想頭，便當然非得採取不可，顧卻沒見有的，想來會是思想的傾向，並沒在這上面故。而就是關於道德一方面，『老子』的也和孟子的使之內面化者相反對；他的設想依然是外面的。故『老子』一面拒否道德的教養，一面卻又承認道德，（第十八章、第十九章）而其所說將如何以立其道德於天下之點，仍是就王者或聖人臨民的態度而言，初非就道德的本性有所思考。以故從這一點看起來，『老子』之說，雖則反對儒家的教化主義，而不能不說他仍舊是繼承着其思想。他以爲民是當服從於王者或聖人之化的之一事，實同於儒家。又若孟子，他一面既以道德根於人性，而他面則又大說其教化主義，以之與『老子』參照，則知中國人殊難脫卻其由上導下的思想。故『老子』和儒家相異之處，止在王者或聖人的態度上而已；止在無爲而化、不言而教的設想，與立道、立名立言以教民之相違而已，然而這些若以爲係屬於空疎之言，則將立個怎樣的教，而後乃爲必要呢？至此，而我們的考察便自然非移向荀子不可。

讀荀子者，度未有不留意下引諸語的：『仁者之行道也，無爲也；』（解蔽篇）『人何以知道？曰，心。心何以知？曰，虛一而靜；』（同上）『明於天人之分，則可謂至人矣；不爲而成，不求而得，夫是之謂天職；』（天論篇）『大巧在所不爲，大智在所不慮：』（同上）此諸語之意義，固未必密合於『老子』，然其所用爲見於『老子』中的語句，卻彰彰明甚；而就是依時代的順序考起來，也當然要以爲是淵源於『老子』。（哀公篇中並竟有『大道』一語，惟此篇雖屬於荀子學派者之筆，然當是甚後之作，故且置論外。又禮論篇有大一之名，據莊子天下篇則似是所謂老聃學派所唱道，然今傳『老子』，卻未見此語，惟可以推測其和前所引過的第四十二章中『道生一，一……生萬物』的觀念有連絡。）然而有比此事還更爲緊要的，則爲荀子的一大主張之性惡論與『老子』思想之關係。荀子曾斷定道：『人之性惡，其善者僞也，』（性惡篇）於是他又說，因爲人性是惡的，所以聖人作爲禮義制度，以矯飾之而導之於善，（性惡篇及禮論篇，）蓋其意以爲禮義制度，都是僞的，都非存在於人性的自然中而聖人之所作爲的，這不待言，和孟子竟是一個正反對，然就是孟子的以禮爲根於性而將其內面化，而對於此，荀子卻以爲禮是人作出來的外部的規範，在這一點上，便也就看出兩方設想的背道而馳。抑荀子固常常口稱仁義，卻似乎未嘗明言其所由來，今由彼性惡的見解看起來，那麼便仁義恐怕也不能不要當然歸諸於聖人之所作爲；如勸學篇不苟篇等，固常常以先王和仁義結合着說，那麼禮義旣是先王之所作爲，則仁義便也可以同樣如此去想之一事，當由此點亦可推出。顧此事乃和前述過的孟子之他一面思想的教化主義有連絡的，故王制篇中有人乃羣居而生活者，然其間若無『分』，則互爭而亂離以生之語，這也就是無敎則近於禽獸之意。蓋『分』便是由禮所規定者，（禮論篇）故我們若以爲孟子之敎的觀念中含有禮在，則這兩者至少也得是近似的思考。夫教化主義固不一定要豫想着性惡說，然卻是可以立於性惡說上面的，或者寧可說立於性惡說上面的教化主義，更是徹底的一方，所以孟荀之間，在這兩種思考上，謂其有一脈之絲維繫着在，蓋無不可。（教化一語，見『荀子』的臣道、正論等篇。）教這一個觀念，尚書中已有之，孟子乃繼承他的，而化民一事，亦屬孟子所說，故教化這種思想是舊來就有了的，然此語的初見，卻怕的是在『荀子』中，因其最適切於荀子的思想故。）但是，像前此已經說過的，若使荀子而有從『老子』來的思想，則禮義、又從而仁義都把來歸於聖人之所作爲的思想，也看他作是胚胎於『老子』的，疑要妥當。不過在反對儒家的『老子』，自始便欲拒否仁義，因而求得了理由於仁義屬於人爲，今在主張以禮樂制度治民的荀子，則其以禮樂制度爲聖人之所作爲一事，實分毫未嘗減殺禮樂制度之本身的價值。（荀子於性惡、天論等篇中，都用着『禮義』一語，而此語便說作『仁義』亦可，如彊國篇中，『禮樂』和『分義』並舉，用與『禮義』同義。）所以我們要當知道，荀子重的是人道，尊的是人力，以爲人皆可爲聖人，而視聖人乃是修養的結果，約言之，則荀子乃一側重文化之人。（參照儒效、榮辱、天論等篇。）故在這一點上，荀子雖和『老子』的思考是以同一思想爲根據的，然卻另開出一派正反對之說來。我們試看，孟子高唱仁義，又再加上禮智，顧禮樂一語卻不見用，便是制度一觀念，似乎亦並不置重。——這原因，我們疑惑是緣於下言的兩點：一、在孟子的主要思想中，因爲將道德內面化了的原故，所以那些作外部的規範之禮樂制度，便少有說的必要；二、因爲要急於說取天下一事，故那些作爲治天下的方法之禮樂制度，遂沒有討論的餘暇。然而昌言性惡說的荀子，卻主張不論是爲道德的規範或則爲治國之具，凡都必得率循禮樂制度而後可。止是，說到此地，便宜乎要引出下舉的問題來：是性惡論作基礎，因之而禮義作爲說遂被採用了來呢，還是因爲要側重到禮義去，所以性惡論就被開展了出來？答覆這問題，則我們當知：性惡論的根據所在，乃是一則緣於人與人之間相爭不絕之一事實，再則又以爲這種相爭之在人，乃是本質的存在而從那決不能斂絕滅的欲來的，那麽性惡論是基礎便會無疑了。故孟子以辭讓之心爲禮之端而視之爲人之性，反之，而荀子則視爭鬬爲人性之必然的表現，於此遂生出應當去欲與應當節欲二者之相異來。而荀子的這種想頭，便又和『老子』的思想有接觸。『老子』重視爭的事實之一事，我們於其在第三、第八、第二十二、第七十三、第八十一等章，反覆申說不爭而知之，而智的排斥，也是主於在想鏟除爭的原因，（第三章）即其說無欲、說抱一、說抑損的，畢竟還都是爲此；故『老子』的處世術，其根本之言，就是不爭故身安而事成。蓋在戰國時代，『爭』之一事實爲人重視如此，這是當然的，故這會是時勢的反映，然若論思索，則荀子的先驅，豈不可以以爲是在『老子』書中麽？

不過，昌言性惡的荀子，對於以下各問題，卻未嘗有所標明；一、『善者僞也』的善之起源，曾於何處求過來？二、性與僞與惡與善，既都是相反的，然則僞爲性所收入，又是怎樣想過來？而更根本的說起來，則人性所本究曾置之何處？我們從他說『積善而不息，則通於神明，參於天地』（性惡篇）的幾句話看起來，我們又從他在說禮的當兒，曾引證出『天地以合，日月以明，四時以序，星辰以行』（禮論篇）的幾句話看起來，則善從而又引導這善的禮，似乎他是以爲這兩者以一點什麼意味，便和天彷彿就有交涉，然而他又把聖人的作禮義，用來與陶人造瓦、工人製器相比擬，那麼禮義似他實以爲這全然是聖人所想出來的東西去解釋，而他又說人實有可知仁義法正之質，（性惡篇）那麼，接受善的素質，似實存於性中，這麼一說，則以性爲惡，以善爲僞的截然將兩者分開來之一事，便生出齟齬來了；故猶之乎在性善論中說明惡的由來之困難一般，今在性惡論中，便也就難於道出善的淵源；怕會因是之故，所以就弄成了這種曖昧的情形。而在其一方面的思想上，固已經是曖昧了，就是我們見其似乎承認以禮與天的交涉，而其天人間的關係也同是曖昧。蓋既是常常說天，則當然是要以爲這是爲的天和人生乃一非全然離開了的東西的緣故。抑他有時並似乎還說天徵在人，（性惡篇）然而這天及這以惡爲性的人的關係，卻終不明言。蓋既是以性爲惡以上，則欲說在這性中現出天來，或則說性乃天之所附與，想來怕都是很難的，然則是否遂以天與人性，乃是根本上就相背馳的，這也不明。固然，荀子之所謂天和孟子之所謂天本兩不同物，並不是有意志的、一一去道德的以支配人生的；這自不免有幾分說得不明不白之嫌，而大概講來，則天的自身，乃具有理法，爰以按着這理法而運行的自然，遂昭示於人。（天論篇）然即如是，而這個疑問卻依然還是存在。這怕的是多半一面將天和人看作背馳的東西，而一面卻又難於脫掉那天人合一觀的因襲思想的緣故；若更加上溯一步說，則禮、從而又善的起源，都不能彀說得明白的，其理由也似乎就在此處。如是，則以惡爲性的人，而謂其能彀率循於禮，這種地方，那同樣的天人合一觀，怕會不知不覺地仍然在活動着。故荀子所見的天人關係，實如是曖昧，然而從他強調地以說性惡論及禮義人爲論之一事看起來，則我們又可以承認其思想的根柢上本有欲離人於天的傾向。顧以天爲無意志、爲自然，此乃『老子』的思想，又一面既以爲人須如天的本然，一面又將現實的人間生活看作與天背馳，這也是『老子』的設想，所以荀子就是在這些點上面，豈不都有爲『老子』所引導之處麽？

要之，荀子者，一方乃是將儒家傳統的精神——惟在孟子則比較的不爲所重——之教化主義，更加上一層發揮，同時，在他方則爲其教化主義之一側面的禮樂人爲說及關於天的思想上其所受於『老子』的賜實多；故卽就性惡說的根據論，而其對於人生之實際的觀察，也和『老子』有其共通之點；又其全體思想之爲功利主義的之一事，而兩者似也可以說是『其軌一也』咧。（尤其可以參照王霸篇、彊國篇等。）夫『老子』之爲功利主義，則既前述，抑荀子也是將求快樂欲福利之心認爲是人間生活的根本動機，若政治、若道德，畢竟便都是爲的這快樂與福利而存在，故在這種點上，他便也是一種的功利主義者。卽儒家的孟子之王道論，亦何嘗不是功利的？一者、其論的作用，乃是作王的方法；二者、其時之所謂仁義，實不外於與民以利或則與民共利：故從這兩事看，實仍是功利的；這在那以王爲治民之人的專制時代、卽現代的國家意識猶未發生之上代中國，自是當然的事，而和王道論別自爲說，在個人的道德上，固有其大異厥趣之點，然而『老子』之於處世術、荀子之於道德說，凡都不免是功利的。故荀子之門下，有韓非子者出，造爲論說，中含出於『老子』

思想之分子，爲事固非偶然。（可參照後文）

荀子是這樣的繼承着『老子』思想的一面，乃把那爲『老子』所排斥了的儒教教化主義，荀子則置重於其用來作教化之具的禮樂制度，乃由之欲以支持自己的門戶，於此，遂取徑於與孟子相反對的一方向。如是，我們或者以爲他既是提出了這種禮樂制度一類的具體的物件，則其爲說一定是很實際的，其實則他那禮樂制度的觀念和當時的現實狀態，乃相差得太遠；所以他以禮樂制度屬於人爲，乃古聖人之所造作，其思想的眞基礎；我們不能不說仍還是在此處，故荀子之說，決不見得是實際的，從而在政治術一方，荀子的也和『老子』的初不異撰。那麼，荀子之說把來作政治之術，既也是沒有效果，則其可取之處，將於何求之呢？至是，而我們乃生出把前頭說過的虛一而靜、無爲等，仍是從『老子』來的那些思想，要回頭去看看的必要。本來，在處世術上，『老子』所說過的這些思想，在形而上學的思索講起來，乃是用宇宙論的形式以表現他，顧荀子卻把他轉向到心的問題，所以解蔽篇中說得最詳。這豈不是有從孟子的思想中牽絲過來的點麼？蓋關於心的問題，孟子固曾說良心，說良知良能，並且更進一步，至於發出『萬物皆備於我矣』（盡心上）的那樣子帶一種唯心論的色彩之論也。又見之於荀子修身篇中的治氣養心之術，和孟子存心養性的想頭，應有親密關係，這事亦可供參考。夫荀子的這種思想和性惡說禮樂論，殆沒有其接觸之點，所以我們遂不能不說荀子也是和孟子一般；蓋思想中實具有其難於調和的兩方面，惟這心的問題一方卻較其空疎的政治術之禮樂說，在觸着人的心生活之實際上，實有意義。因爲他的這種思想，初非如那見之於『老子』中的一般，是把來作處世術去想的，此乃心的修鍊，而就是在實踐上也有價值；所以我們蓋可以說荀子很能彀給了『老子』以一大轉化。不過荀子的這種運思，似乎和當時思想界的一潮流，也有因緣，何以呢？蓋如我們就是在『荀子』不苟篇和『莊子』天下篇中所見於惠施等人之說的一般，也就足以知道：在某一方面，對於事物的看法，從而又想法，似見其已經漸次成了主觀的；於是在這異說紛起，以致人皆莫知所適從，又不論是什麼異說都可以建立的這種社會裏面，則除了自己以外，竟什麼也靠不住；而在那樣世相轉變激烈，人間榮枯盛衰匆忙的世上，就是從實際生活的上面講來，也似乎足以增強那種感覺：照以上各事看來，則這種傾向或者會是自然而然的；而如此的趨向，便在『莊子』各篇中也能彀認識出來。

似乎是以反抗孟子爲主的『老子』，他旣拒否仁義，則其未嘗提到禮樂，這是當然的。乃若『莊子』則我們見其到處有詆譏仁義禮樂的文章（例如大宗師、駢拇、馬蹄、天道、繕性等諸篇。）並且還用着禮義或禮義法度等語，（天運篇）這豈不是告訴我們以『莊子』各篇乃是主於目注荀子而肆其攻擊的矢的一事麽？而知北遊篇裏『禮相僞也』的『僞』字看做是從荀子來的，這豈不可以麽？固然，以禮樂爲教化之具而治民者之要道此事當不限定荀子是這樣講，蓋據韓非子顯學篇當時儒家實有八派，則我們剛纔的這種推測便似乎很不妥當。但是，在漢初有勢力的儒者彷彿許多都是屬於荀子的思想系統之一事，我們止要讀董仲舒的對策、韓詩外傳、大戴禮記等便也就能彀知道，（參照後文）加上這事或者從戰國末造以來便已如此，所以在寫作『莊子』諸篇的時候，反抗儒說諸人先就目及荀子的，想來乃是自然之勢。於是那些所以要排斥仁義禮樂的，其言以爲這些東西乃聖人們所肆意作成的外部的規制，而實有損於性命之情（又性、或眞性，見駢拇篇、馬蹄篇等）；故這是逆用荀子之說而加以反攻者，其思想的由來，則見於『老子』而以人性爲着想的根據，則『老子』中亦未見有蓋新見解也。自然，此處之所謂性，初不如孟子之以之爲善、亦不如荀子之以之爲惡之賦以道德的意義，雖則亦淵源於『老子』而從來未嘗論過性的『老子』中，卻不見其明言過。如是則我們於今且姑不問其性之爲何物與其何所由來，而既已把仁義禮樂因其爲外部的規制故遂加以拒否的這種思想，便自然要將百事都歸納到心術問題來，以故在『老子』，則『絕仁棄義』乃是用政治的眼光、就是用聖人臨民的態度而去看的，而在『莊子』的大宗師篇，說忘仁義、忘禮樂，並說就是『我』這個東西也要忘卻的，也就是表示這事。然『莊子』雖則排斥仁義的概念，而仁義之實卻是承認的，故天地篇『端正而不知以爲義，相愛而不知以爲仁』，便當和他的忘仁義之說相矛盾。但是他的排斥仁義，初非起於外部，就是說，不是起於排斥名與教的點上，乃是起於心術上面，如此而後上記的大宗師篇乃有意義。因之，他雖同有『老子』的那種文化史的見解，以爲大道之行，曾在上代（如胠篋等篇）然而那行過的狀態，他卻說是起於人人的心上，於是乎而『老子』的思想，遂被了內面化。這種態度，他那仍是繼承了『老子』的宇宙論中，也表現着在：如齊物論篇，『天地與我並生，而萬物與我爲一，』就天地萬物而提示出一個『我』來，於此，則更進一步，其欲將宇宙而加以主觀化之傾向，實隱約可見。他又主張是非不能一定，百物依觀察而異，（齊物論篇、秋水篇）這也是眞理的主觀化，而山木篇『物物而不物於物』所說不要爲外物所拘束之一點，也是『我』的主張。但是，是非既不能一定，則我所是非之處便亦殊不足恃，從而主觀的權威，遂亦飄墜不存；而且，既是以我爲我便已爲我所拘束，則其與那爲物所拘束者，實際蓋沒有所不同。是故，『莊子』雖處處在說忘我，（齊物論、大宗師、天地等篇）而實際，則我忘卽是與物同化：（齊物論篇等。）於是乎他的這一種思考，遂不能不一轉而成爲極度的滅卻主親的態度；遂和那用思於以心爲主、幾於要帶唯心論的傾向的、又就是在修養之道的上面也說的是要求放心的孟子，乃趨於一個正反對的方向；於是『老子』的虛無之思、無爲之想，遂依然爲『莊子』所支持，卽那爲『老子』理論的基礎之天的觀念，大體亦爲其所承繼。惟是，『老子』的這種思想畢竟是把來作處世術而說的，又、若以爲其價值也就僅止於此，則我們便知在『莊子』亦復同樣，這可由他到處都在說保身之術一事而證明之。而這又異於荀子之將虛、靜觀念轉向到別一方面者，故實屬於『老子』的正系。抑他那保身之術，畢竟不過是爲生而生，故因是而務必要求生活內容的稀薄，此事已前爲著者所嘗述，(11) 倘使此見解而能見允許，則其爲保身之術，實脫離於『老子』的功利主義同時，則我們遂不能不以爲這是獨善主義、消極的利己主義之進至極端者；是故在『老子』中猶未見其存在的隱逸思想至是則濃厚地見其出現，且造作出許由或與之相類的許多說話來，便是當然的事。夫使理論上仁義雖被承認着，而在實際的心理中，卻不能不忘懷仁義，那麼便道德的意識就沒有了；又使是非是不能一定的，那麼便是非也就要在被斥之列：所以事實上，在這樣的生活裏面自無有可行仁義之理，故其道德的思想之空疎，實無異於『老子』。然而這一種樣子的思想之所由發生，若自戰國末造的社會相以觀之，則初非無理之事；以故一任社會的自進，而自身處於其間，則消極的以保持一己與之同行，遂成爲當時聰明的用意。這麼看來，則其所謂性、所謂眞性、所謂性命之情，便知其實際差不多都可以說是止不過是求生的一念——作生物的本能。故這種思想，和荀子的認性爲惡之一事，遂可以說彼此實有其相通之處。惟荀子則以爲這種生物的本能，其無限制的發現，實足致人衆於爭鬬，而『莊子』則將這種本能止不過用之於在與人無爭的程度，而極爲消極的意義。要之，『莊子』一書的主旨，乃是初則斥去從外部所與之道德的規範，繼則並存於內部之道德性而亦拒否之，乃更進而把我這個東西也將他棄掉，從此遂一轉，而欲向毫無規制的外界將自己的生拋出，乃於此以保持其生；蓋凡百雖都可以斥去，顧猶餘一斥而不去之物，其物維何？他以為便是那依於作生物的本能而生起去之一事。

然『莊子』中，所緣要強烈地以陳述其如此的思想的，蓋其意亦在反抗儒家的態度，——徒自拘泥於仁義之名，而欲據那實際並不存在的拘緊的禮樂觀念以規制現實生活的態度，這是通於『莊子』全篇都表現着在的一大精神。蓋那以禮樂制度為『百王之所同，古今之所一』（荀子禮論篇）又以古之道為不可更改的當時的儒家之說(12)便是韓非子等亦復反對，故謂道須與時俱變，（五蠹篇）而『莊子』的有些地方，對於禮樂制度也有同樣的意見，（天運篇）並有許多篇的裏面因是之故至欲將仁義禮樂的本身都要棄去，於彼，足徵其運思之在飛躍，故其反抗儒家，固決非無意義者。抑『莊子』固不單止反抗儒家，即人世亦在所反抗。蓋當時世態，求功名則互相爭鬬，反而因之傷身，遂致失卻自己，故如荀子之論帝王的功名心，（王霸篇、彊國篇）『莊子』之以聖人為求名之人，（人間世、駢拇、天地等篇）呂氏春秋之述五帝互相爭戰，（孟秋紀當兵）凡都是時代的反映。尤其如呂氏春秋裏的話，竟一翻儒家向來置堯舜禪讓於湯武放伐之前、上溯愈古則德亦愈高的舊案，而從新說堯舜以前黃炎二帝與爭奪天下之事，在這種地方，我們不能不說是有其時代的思想在內(13) 蓋以古之五帝猶且爭權爭國爭名之不已，則其他也就可以概見了。惟此種爭鬬，自荀子觀之，則竟視性爲惡，謂其乃深深根諸人性者；而自『莊子』觀之，則竟以爲欲如荀子等人之說令社會全體皆秩如序如，庶幾可以救藥，其事乃不可能，如是，遂以一種自暴自棄的態度，而發爲矯激偏宕之言：謂幾希之望，止在人類全體皆滿足於消極的以保持其自己之生，絕不逾此範圍一步，而後此種爭鬬，或者可至於無。然而這種事實之絕不能有，度必無人不知，固知其爲反抗思想，而不過自暴自棄之辭罷了。故在實踐上面，其爲空疎一事，自屬當然，即說者自身想來，也會知其自始卽不過空疎之論。故這又如前述，和『老子』也是一般，惟在『莊子』，則較他尤爲矯激，抑其空疎之感則亦益甚。

如是，則我們若以爲荀子的禮樂制度，既已爲『莊子』所唾棄，而代替之物，『莊子』卻什麼也沒有寄與，那麼，那些說經世之道的人，便止有仍舊將那一旦拋卻的禮樂制度，重新掇拾起來。維時恰當漢室統一天下，既已昭示帝室之尊嚴於世，同時遂際遇了那必須訂定制度以謀維持政治秩序之機運；而儒者、尤其是屬於荀子系統的儒者之說，遂弄到被採用了的那個樣子，實非偶然。但是荀子既把禮樂屬於人爲而謂其背反人性，則禮樂本身便已沒有了基礎，此所以爲道家所唾棄，今茲漢代儒者爰取禮樂的基礎，欲奠定之於天與人焉。倘我們欲知漢儒苦心，則讀以下所引，便能窺見：在禮記的禮器篇裏，則有『禮也者合於天時，設於地財，順於鬼神，理萬物者也』之語；又禮運篇則有『禮必本於大一：分而爲天地，轉而爲陰陽，變而爲四時，列而爲鬼神』之語；其託諸孔子之言者，則有『夫禮、先王以承天之道，以治人之情，……禮必本於天，殺於地，列於鬼神』之語；在喪服四制篇，則有『凡禮之大體：體天地，法四時，則陰陽，順人情，故謂之禮』之語；又、或如樂記裏面，則有『大樂與天地同和，大禮與天地同節』、『樂者天地之和也，禮者天地之序也』等語：故荀子禮和天的曖昧關係，至是遂明白地被加以規定，而向來以爲是全然背馳的一個禮和人情，乃加以新的結合，由此而天人合一觀，乃得以再行樹立起來。而且這和禮樂制度說、即教化主義，以及孟子的性善論，便也就都自能調和。何以呢？因爲這是已經視禮爲天人俱順之物，而在孟子，則又可以當來作他的性即天的表現去看故。（中庸(14)）乃是繼承孟子的這種思想，而欲據之以給那教的觀念一確實的基礎的。——爲『莊子』所視爲人爲而排斥了的敎的觀念。就是說既以教本諸性，同時便又以性本諸天。故這與那出自荀子而以禮爲主去設想者實異其趣，然其爲將道家所唾棄的儒家之說令復活之於一新的形狀則同。）顧言雖如此，而對於人爲什麽一定要與之以禮的這麽一個規範及必爲之立教的這一事，卻依然還是把來作一個不能解釋的問題殘留着。而況這一種意義的天與其說是孟子的天，無寧說是荀子的天，那麽這便又近於道家的天了。（中庸的天因其書的精神是在於繼承孟子之說，故猶似是有意志的，然謂天有化育之德而其化育卻又似乎是自然運行的東西，照這點去看，則或者仍舊是表示有想要脫離孟子的傾向之一事。）故漢儒的這種想法，我們準此遂可以推知其是曾一度經過道家之門來的。如其果爾，則見於禮運篇裏的『孔子曰：大道之行也與三代之英，丘未之逮也，而有志焉。大道之行也，天下爲公，選賢與能，講信修睦，故人不獨親其親，不獨子其子，使老有所終，壯有所用，幼有所長，矜寡孤獨廢疾者皆有所養；男有分，女有歸，貨惡其棄於地也，不必藏於己；力惡其不出於身也，不必爲己。是故謀閉而不興，盜竊亂賊而不作；故外戶而不閉，是謂大同。今大道既隱，天下爲家，各親其親，各子其子，貨力爲己，大人世及以爲禮，城郭溝池以爲固，禮義以爲紀；以正君臣，以篤父子，以睦兄弟，以和夫婦，以設制度，以立田里，以賢勇知，以功爲己；故謀用是作，而兵由此起。——禹、湯、文、武、成王、周公，由此其選也。此六君子者，未有不謹於禮者也。以著其義，以考其信，著有過，刑仁講讓，示民有常；如有不由此者，在執者去，衆以爲殃，是謂小康』的一節，其中道家色彩濃厚地表現着的，便毫不足怪了。因爲這一節所說的：其第一點，則大道廢後，君臣父子等之制生而禮具；其第二點，則這些制和禮，雖則承認他、尊重他，然卻不能當他是絕對的東西，要知在此以前，還有那超越君臣父子等關係，即說是人類愛亦無不可的一物的存在：而把這人類愛的存在一事，遂看出其是大道暢行的姿態。而此處有『大同』一語，又前此引過的也是這一篇中有『大一』一名，凡此亦都是從道家繼承下來的，想必也不消再說了；所以這或者便可以說是一篇想要調和道儒兩家之說的文章。抑不獨禮運篇如是，即孔子閒居篇裏的『無聲之樂，無體之禮，無服之喪』等語，亦無不是道家的一種表現法，故道家之說，是怎樣地浸潤到儒家身上來，即此可知，而關於禮的禮運篇爲說之由來，自亦能即此而獲解釋吧。然而這不過是打算的止於在表面上兩家學說的調和，——寧可說是結合，——至於內心的溝渠，則依然存在於其間。大道何爲而廢了的？大道廢後而出現了的君臣父子之制與禮，何爲而應當尊重？凡此問題，都毫不能令我們思考，因爲這些問題與基禮於天的思想是應當如何結合攏來的，調和說乃付之不問故。

顧道儒兩家之說相與結合一事，初不必專是儒家一方的打算，那麼，此處就道家對於儒家的態度而爲上文所尚未述過的點，遂有一言之必要。我們若是從細處着眼，則『老子』中有『聖人無常心，以百姓心爲心』（第四十九章）之語，而又按着身、家、鄉、國、天下的順序以論修德，（第五十四章）凡此，都明明是從儒家來的思想，而後者一方，則呂氏春秋（審分覽執一）亦有此論，不過這是孟子（離婁上）所已經說過的，即中庸亦復有此同義的話頭，而在禮記的大學裏面，則述此意尤顯。然茲事且姑置一邊，乃若根本地、或則又就關係於兩家學說全體之點去思維，則第一要令我們注意的，便是那聖人的一觀念是在『老子』裏面一面襲用儒家的聖人之名，並採取其以之爲王者的思想，一面又將其意義道家化，遂以爲是無爲而化民的人；而在『莊子』，則一方既有沿襲『老子』的這種態度之處，（大宗師、天地、刻意、知北遊等各篇）而同時，在他方則又承用儒家的本義，遂從而有加以詆諆之事，（馬蹄、胠篋等篇）乃造爲至人、（15）眞人等名，以之爲道家理想上的人格，（齊物論、大宗師、德充符、天道、刻意等各篇）而前一方的聖人，則約略與此同。此至人眞人之名所由造作者，其動機所在，想來會是在於欲對抗儒家的聖人而令出其上；卽其主張所謂黃帝之道者也，仍似爲的想要凌駕儒家所謂堯舜之道。而就是關於此事，道家的態度殊亦不一樣，所以『莊子』裏面有謂堯舜無爲而帝而將其道家化之處；（天道篇）亦有謂其爲創作仁義之人而特施攻擊者；（大宗師、駢拇等篇）尤有以之爲非德之至者，乃於其上置黃帝焉。（天運篇）固然，應於時、應於地，尙尤有其他之種種在：如至樂篇則以『堯舜黃帝之道』爲一個的道而陳述之；如在宥篇則以黃帝爲仁義之始而攻擊之；又如繕性篇，則卽黃帝亦謂其猶是德已衰墜之人，且卽順次在於其前之神農、伏羲、燧人等人，以爲亦復是德之下落者，必更前於此諸人之混芒時代，庶幾乃足爲尙慕之資。此最後之一說，蓋以爲止要一有帝王之名，卽爲道便已不全，在這點上，此乃將道家思想推進之至於極端者，故在一般，則仍如在宥、知北遊等篇然，以述道家之道者歸諸黃帝。『黃老』並稱，不悉始於何時，而立黃帝於堯舜之上，以之爲道家之祖，則或者已成一般的習慣，而孔子則亦爲道家待之如聖人或堯舜，於是在『莊子』中，一方既將其道家化，令其陳述道家的思想，（人間世、德充符、大宗師、至樂、山木等）又一方，則將儒家本來的孔子拉來，而冷笑之，攻擊之或則痛罵之。（人間世、天道、盜跖、列禦寇等）又欲令孔子聞老聃之言，或道家之說，則服從讚美者，（天運、山木、田子方、漁夫等）便也約略是這前一方的辦法。抑『莊子』中固猶有其第三的態度以對儒家。此態度維何？則以若干的調和精神視儒家是。此可以下列各點爲證：一、關於儒家之見與道家之說，令孔子道其似各各有其適宜之處；（大宗師篇）二、書中既說大道，復容仁義，關於君臣父子夫婦的關係，亦復是認儒家的見解；（天道篇）三、或則不全然拒否仁義，而允許其有某程度的存在。（天運篇）且呂氏春秋（正月紀貴公）記有荊人遺弓一事，並載孔老二人的批評，這也是既想將老子立於孔子的上風，而又仍然容認孔子的態度，想來多半也是屬於道家之作。而這種態度，就是那通於全體，皆以道家之說爲之主調的淮南子中，亦復如是。如仁義雖則以爲衰世之物，卻仍然加以是認；（繆稱訓）禮樂制度，肯定其應當與時俱變；（氾論訓、齊俗訓）或又給無爲一語以新的解釋，謂其乃無私心，公正而不背於自然之意，依此意爰以堯舜禹湯爲無爲之君；（人間訓）凡此等等，皆處處讚美孔子，同時並示其尊重儒家與其學說之態度也。如是，則『莊子』對於儒家的態度，乃如上所記，極無一定，惟其互相矛盾，遂足爲此書乃經了長久的歲月而成於若干人之手的著作所集成的證據，而其作者，則我們可以推測其爲應當概括於道家的一個汎稱之下的各人；至於『淮南子』爲書其性質與『莊子』者少異其趣，故若將其所說立卽視爲道家的態度，或不免稍欠妥當，然至少卻可以說是漢人之設想欲令儒道兩家學說並立或則結合者，此可由前言三事知之。

以上，著者已略敍自孟子以來經『老子』達荀子，更通於『莊子』而及漢初儒家其間儒道兩家的交涉，謂此事在兩家學說發展的徑路上，實有其重要意義者。於是，則後世所稱儒家或道家的學說，在漢初便已約略形成，據上來的稱論，似已自明，故可以說，此事畢竟是告訴我們以兩家思想成立史的一面，此言或無大過。但今日所傳戰國時代之書極少，儒道兩家的著作，全然亡失者當不知其幾許，故據此僅少的材料，遂欲將兩家思想的交涉，立其系統，此事或難免於不妥當，然而這委實是現在沒法的事情。不過，這些材料，都是當時著作中之代表的，那麼，在理，自能準之而得加以及於某程度的推測。如此，則爲此交涉史之中心者，在思索上，便是道德起於內在抑緣於外、與存於自然或屬於人爲等問題；而這則又成爲在一方則人性裏——又他一方則天裏——道德的性質之承認或不承認的問題；從而遂又種種地以設想及於天人關係，其中素朴的思想則爲以天爲有意志的（雅不欲用所謂目的觀的宇宙觀這種話頭。）及合理主義的、機械觀的宇宙觀之二者。這種天人關係，乃中國的哲學史及思想史中之重要問題，就是到了漢代，還是變成種種的形狀以顯現出來，但是在那尙實際的中國人，卻把來作處世保身之術、或修身治世之道，而凡百都向此處着想，輪到議論，便不論是出發點與歸着點，也都集中於此。然言雖如此，而按之眞際，則其所說，倒又不一定便是實際的；其甚者，因爲要振自家金鼓倒他人旗幟之故，竟至有光止玩弄言語的傾向。故關於這一點，我們尙有須要一應考察者在。

蓋當學派宗派、相與對立而議論思想問題之世，各各爲欲昌揚自己，對於其他，則互相詆譏攻擊，此乃自然之勢；而其間又有取他派所說以收入自家藥籠中者，至於將他家宗師，使加入自派學者的系統，此種態度，尤易生出：遂乃由之或則足以彌補自家的缺陷，或則並可生出將他派對世間的勢力，使包羅到自家身上的便利。而這種情況，且自然又爲以下各事所促起：卽一、緣於思維本身開展的過程上，遂自然和別的學派所說，生出接觸來；二、緣於兩派所因以建立的時代精神及當時的社會相，並影響於兩派故；三、緣於所謂同一的民族性這個東西，實潛在於兩派思想的某一些點上，而這些點遂相與接觸。既是這個樣子，則因之而生出以下二事來的，便又屬於當然：一、調和兩派或欲折衷兩派者；二、就兩派之說而將以自由擇取其投我所好者。凡玆情形，在印度婆羅門教與佛教各宗之間，固曾有過這樣種種的關係，卽流行於道儒兩家之間之前記的各種交涉，亦復不外此例。然而謀爲世用，遂求祿仕，此乃學者之常，那麽，在一種學說極易爲當時的勢力及政治上的權力所左右的中國，加上這種外部的情事，而這種關係，遂從而更深一層。於是，在那所謂黃老之學見悅於帝室的時代，則儒家自亦會傾耳於道家之言；又在那採用儒術以爲官學，因欲以統一思想之當世，則道家遂會亦不能置儒者之說於不顧；而且又有一等人，其立意初不在於講學論術，或則以學術自任，於派別異同，遂不去十分關心，因是之故，或遂至於不論何派，皆能在所包容。以上諸點，固然是極其概括的觀察，然若以之與上來所述兩派一一的思想及其變遷對照着一看，則兩派間學說的交涉，是若何而起來了的，當能得其大凡。且我們今又試將儒道兩家思想與別的學派之關係，略來說說，以爲傍證，或者也不見得無益。比如『管子』裏面有『無爲者帝，爲而無以者王，爲而不貴者霸』之語，此所取者，乃是孟子所強烈地說過來的王霸思想，而於其上加帝，以道家思想潤色之；（乘馬、大數、勢等諸篇。）他又說，『聖人之所以爲聖人者，善分民也；聖人不能分民，則猶百姓也……唯聖人爲善託業於民，』此乃取儒家聖人的意義，而以管子一流的經濟思想變化之（乘馬篇）這是一例。又如『韓非子』則取道家無爲虛靜之說，用來作君主御人之術；（主道篇、揚權篇、解老篇）而『聖人者審於是非之實，察於治亂之情也。故其治國也，正明法，陳嚴刑，將以救羣生之亂，去天下之禍，』（姦劫弑臣篇）；『聖人之所以爲治道者三：一曰利，二曰威，三曰名，』（詭使篇）等語，凡都是將聖人法家化者。書中又有令黃帝講論法家的道之處，這怕的也是從道家借了來的這麼一個古帝王的名字；（揚權篇）惟此書對於『老子』的態度，頗無一定，解老、喻老二篇所說，竟和六反篇的思想相矛盾，但『老子』之說，乃處世與政治二術，其思想則屬於功利一方，故在實際上，雖則與韓之思想趨向各異，卻是能轂融合無隙的。故據上舉二例，便足知『管子』與『韓非子』二書，是如何採取了儒家的聖人觀念而加以變化，並又如何吸收了道家的思想進去，那麼，儒家和道家之間，也有同樣的交涉，便由此或亦足以類推了。

這麼說來，便知本文最初所述孔子問禮於老聃的話，乃人所造作而被收入儒家的著作裏去，實應當不足爲奇。這種話，像我們在『莊子』中處處可以見到的一般，當是從那想令孔子師事老聃的道家出來的，然而其問題爲禮，則與其說是道家如此想，無寧謂爲儒家之所爲。蓋如此一來，則止要在那令老聃講禮的地方，此話就會已經有其一半的意義了。原來儒家採取道家的思想，固不止如上述關於禮之一事，如禮記哀公問篇，以爲孔子之言者，有『無爲而物成，是天道也』之語，又中庸裏面，『不見而章，不動而變，無爲而成』等語，凡都明白地是這種例。以故荀子的大略篇以下，其中作爲孔子所說的，也顯出道家思想，則此亦當屬漢初之作。又韓詩外傳所載孔子之言，亦述『老子』那種意義的無欲，而董仲舒的對策（見漢書本傳）裏面，則謂舜爲無爲而治者，且『莊子』中屢見『性命之情』一語，凡都可以見出這種例來。夫董仲舒的思想，主於來自荀子，顧其間猶混有這種道家思想在；且卽大戴禮記，亦有取自荀子的篇章，顧同時卻有稱道黃帝之處；（武王踐祚，虞戴德）馴至後來說苑所見孔子的話，道家色彩濃厚已甚，便亦可解釋其爲自漢初以來的這種傾向至是遂益復加甚了。且易繫辭傳中道家思想亦復存在，如『太極』一觀念便亦可以爲是從道家『太一』來的，故這想來大半也是漢初儒者所作或則潤色者。蓋易至於成爲儒教經典，彷彿是在漢初，就令說得早些，怕總也不能上溯逾於戰國終末期以前，而見於易裏面的處世法在根本上和『老子』者相通之處竟不在少數，故知這是和道家思想同時爲儒術所包容者，在此種意義上，其事殆非偶然。(17) 故由以上許多的事例看來，便知儒者採取道家之說，其事並不希罕，因之而以孔子師事老聃，便亦足以推測其殊不足與人奇異之感。至是，則論語中所見道家的思想，如以舜爲無爲而治者的孔子之言，（衞靈公）又楚狂接輿、長沮桀溺、荷蓧丈人等人的話，（微子）便會知其也都是以同樣的情事而作，乃插入附載於那從古以來傳下的孔子語錄中；(18) 蓋關於孔子的一言一行，凡所謂齊東野人之語盛行一事，則既已見於孟子，（萬章上）而荀子（儒效篇）也說，所謂孔子之言初不必皆可信憑，如此，則在儒者之間，想來遂也就盛行製造，因而流傳於世，故前述禮記諸篇的孔子之言，也就都是這一種例。

於是，儒家是這樣的採取道家之說，其中難道沒有點什麼特殊的內面理由麼？對於這個疑問，著者則以爲前此曾經道及的中國民族性，或當爲其主因。夫儒家所說，實爲政治之術，蓋謂民衆之間所以能行道德者，乃政治的結果，便是說，乃教化之所致。然而從那中國的自然地理上的情事及以這情事爲基礎而形成了的社會組織與政治狀態所生出來的長久間民族生活的因襲，是致一般民衆，對於廣闊的公共生活沒有了興味。他們以爲所謂天下國家者，止不過是王侯或則仕於王侯以求利祿的人的東西。如是，如何治民、如何臨下的兩問題，遂爲關於政治的全部思想。故在知識上，則政治觀念遂支配着凡百的思想，而在實際上，則止有自己的生存與自己的利害二事成爲問題。而儒家之說，則着實是立於這種實際狀態之上，而一面又知其不可，乃欲賴禮樂制度的力量，將民衆全體立出劃一的組織，因以抑制民衆的利己心與爭奪心。然而禮樂制度，卻絕不是民衆意中的東西——他們無寧嫌忌這種從外面來的壓迫；他們所希望的，僅止是自己生活的安全。如是，那政治組織散漫的實際狀態，遂自能適合於這種希望了（政治組織的散漫一事，不獨戰國時代爲然，即統一了天下的漢代，亦復如是。）而那在政治則主張無爲之治、在個人則講說巧妙的處世術之道家，遂當然爲世所喜了。然就是在思索上，儒家所以起了心性問題的理由，想來會是不滿於以教這個觀念爲從外部給與之物，遂欲別求道德所基，而這——一固緣於思想本身已經要比前深邃，再則——便自能和那在實生活上的自己中心態度有其相應之點，故一經流入道家思想裏，而一種主觀主義的態度便隨之而生的，乃是自然而然的傾向。然儒家以其心性本諸天與之，以確實性，以之爲普遍的之物，顧道家卻以之爲個人的現實的之自己，反而甚能適合於此實生活上的要求焉。如是，在人生觀上，則滿足於天與的運命，不論怎樣的環境，都打算順應，而於其間謀保其生……我們若知道，這便是中國人麼，那麼道家從那極度主觀的態度一轉並述說將自己放到外界與物同化的，便也就知其甚能與之相應了。不見乎儒者乎？謂邦視其道之有無，而異我之行藏用舍，『論語泰伯及中庸』又言『素富貴行乎富貴，素貧賤行乎貧賤』（中庸）也。故這便明明和道家思想相與一致，而無爲一語之爲論語中庸所插入，也便會不足爲奇了。又在那知識社會的宇宙觀傾向到合理主義，而似乎成爲帶有機械觀(19)的色彩之時代，則道家之說在此點上也最爲適合；即那爲教化之具的禮，以之爲本於天者，亦不能不以爲是爲的這個緣故。那麼，儒家之說爲道家思想所結合，這豈不是當然麼？

〔註〕

(1)關於後人任意造作所謂孔子之語一事，擬別有所述，然卽下文，將亦有其言及之處。又『仁義』當來作孔子之語而出現的，這是因爲以『仁義』爲儒家標語而成爲一般通用以後，遂乃歸之爲儒家宗師孔子所說。又關於莊子及中庸可參照後文。

(2)始說『仁義』的，會當是孟子，但孔子以後孟子之前的儒家著述或學說俱未明傳，故難於下此斷定。惟見於公孫丑上的所謂曾子之言裏面有仁與義並擧之處，然而如那些以爲孔子之言而出現於孟子裏面的，是否便可直信不疑，還是問題，那麼，便關於曾子等人的話也就同此疑惑，故這且置論外。

附記　墨子中，如兼愛、非攻、節葬等篇，固亦用着仁義一語，然而現今所傳的墨子諸篇，我們從其文體上去考察，或則從其在文章上各有小異的同一篇，乃分別載着而以上中下編纂的一事看起來，又從那文中含着有可以推測其是屬於戰國末造的思想之一事說起來，俱不能以爲是那非得在孟子以前不可的墨翟時代所作。彼其論旨，會是出於墨翟而繼承之者，然其文字，則成於後世學者之手，故我們遂不能不以爲其中實摻入着後世思想。故這在此時，宜亦置之問題之外。

(3)普通本爲孝慈，但這是對着忠臣說的，故宜從永樂大典本爲孝子，似較妥。

(4)孟子的王道，乃是向諸侯說的，故此事如其實現，便非成爲所謂易姓革命不可；是知孟子讚美湯武的放伐，良非偶然。然這種思想，初非那猶思承認周室的地位而著作『春秋』的時代所能產生的，蓋爲諸侯各各夢想統一天下的戰國時代之產物。著者在這個意義上，遂欲推測那將革命思想作爲古傳說而具體化了的尙書，乃是戰國初期的作品。

(5)此豫言，據周本紀，其文爲『始周與秦國合而別，別五百載復合，十七歲而霸王者出焉』云云，乃秦孝公生後的話，『合而別』指周室東遷，秦得列爲諸侯，『別而五百載復合』指西周降秦，而霸王當作爲指始皇帝爲最妥當；雖『十七歲』不合事實，然本來乃擬讖言而作者，故在那不十分精密符合之處，反會愈加見出作者的用意。再、『十七歲』秦本紀作七十七歲，老子傳則七十歲，但封禪書仍爲十七歲，就距事實不遠的數目說，則據此當較穩。

(6)列子普通似以爲實有其人，然見於逍遙遊中的說話，假定就作爲是全然的寓言看，而這人還是可疑。而應帝王篇、至樂篇、田子方篇的，也都不能以爲是事實。又達生篇的話裏，說出關尹之名，似是模倣的老子的話；呂氏春秋季秋紀審已章中的話，關於關尹子的名字這一點，仍屬同樣。

(7)呂氏春秋，會是從行於當世的種種典籍中取材者，然在漢代的編述中，又如淮南子之類，乃有本於呂氏春秋的記事，和這同樣，會又有從呂氏春秋所根據的原本，取出同一的說話，和同一的文章，而別爲一著述者，故欲判斷這種種的關係，殊不容易而就是在『莊子』中，如讓王篇，乃有和孝行覽愼人一章相同之文，這些事，蓋難推測其本末如何。

(8)史記孟子荀卿傳中亦言愼到田駢，『學黃老道德之術，』然據荀子的非十二子篇及解蔽篇，則此一記事，乃極爲可疑；關於愼到尤然。漢書藝文志中，田子收入道家，而愼子則列於名家，這實與荀子的批評適合。蓋史記謂申韓之學『本於黃老，』這實難言妥當，則關於田駢等人，便也就難於照文直信。因所謂『黃老』這麼的名目，在田駢時代，還沒有存在的道理。不過，或者因爲其立說的有些地方，和後來稱爲黃老之術的思想有其接觸之處，故爾如此稱之；又或者在漢初或有假託田駢之名而道過那種思想的，因之天下篇的作者及司馬遷，遂俱加以採用，亦未可知：蓋在漢代，這種假託之風，固肆行無忌也。再、孟子滕文公上有『物之不齊，物之情也』之語，則『齊物』乃其反對觀念。(譯者按漢志愼子收入法家，作者云名家，殆由誤憶。)

(9)墨子中亦用聖人、聖王的稱呼，並說先王，且徵引尙書諸篇，然而教或道的名目卻不大多見，例如『聖王之法』(非攻下)等，每用法之一語。又此條可參照上文關於仁義一語的墨子註。

(10)說天是無爲，『老子』似沒見有明文，然從全體的精神上看起來，可以認知其有是思想之存在。蓋書中視天同於聖人之事，處處見來，那麼既以聖人爲無爲，便會知其視天也是無爲了。以天與聖人同爲不仁，則其不似儒家之給天以道德

的性質之一事當不俟繁言；（第五章）且又有『天法道、道法自然』（第二十五章）及『萬物之自然』等語。『莊子』天地篇中有『無爲爲之之謂天』一語，想來是繼承『老子』思想的。

（11）『關於神仙思想二三的考察』第十二章。（譯者按此當是著者的舊文。）

（12）據那三代之禮各自不同的儒者思想，則凡百的禮都是應當與時俱變的；卽據那見於論語的孔子之言，亦足以推論此事：其言之眞否且姑置一邊，而在那儒家思想猶未到了固定的時節，便關於禮，當也有如此寬容的想法吧。顧降及後世，卻當眞的態度便偏固了，窮屈了，所謂古禮便似乎以爲是永久、不動的東西。

（13）見於史記五帝本紀黃帝一條的黃帝炎帝之爭，便是這個話柄，想當是戰國末的製作。這個話的炎帝，固猶似是尙未與神農結合，卽史記中亦有此痕跡。

（14）中庸自鄭玄以來，卽以爲是子思之作，但這是毫無徵證的。蓋大概會是因爲其思想與章句有與『孟子』相聯絡者，故爾如是斷定著者之意，則以爲此書想當成於戰國末或漢初而屬於孟子學統的儒者之手，故中有道家思想之一事，由此意便自然能毅解釋。

（15）「至人」一名，見『荀子』天論篇。這或者在荀子以前便已爲道家所用，而荀子則採取之者。

(16)比如在賈誼的論策中，儒家思想，固多所採用，然其所爲賦，則大足見其道家思想；司馬相如的大人賦，固純是道家的，然在遊獵賦，則又道六藝、說仁義也。

(17)漢書藝文志謂道家思想出於易，這不消說，是附會之辭，然卽在說苑中，也載着孔子讀易，因而發出似與『老子』處世術同意的感慨這麼的話柄，固知這種思想，在漢代當甚爲流行。

(18)楚狂接輿的話，又見於『莊子』人間世篇，然從文章上去看，則論語中所取者，想來要古。

(19)『關於易的一二考察』(譯者按、此當是作者的舊文) 參照第三節。

譯註 譯者按、此文原名『論儒家和道家的交涉』見日本東洋協會學術調查部所出東洋學報第十五卷第一號。